燈火闌珊處

◎張香華(國際桂冠詩人)

很久很久以前，那個時候香港的報紙，有很大一部分用的文字，還是以粵語發音的文字。雖然「粵語」是我的母語，粵語發音的文字對我而言很難用「看」得知原意，必須「讀」出聲音才能「讀得懂」。

以前在香港「讀」老夫子的漫畫，詼諧幽默的香港俚語，經由老夫子的「口述」，是最早的『文字有聲書』。尤其加上漫畫的符號和動作，增添的喧嘩熱鬧，簡直可以令我有如置身灣仔或旺角的街市中，讓你「聲」歷其中的虛擬實境，可說是老夫子最絕妙之處。口語化的爆笑對白，不時「繞樑三日」，讓我暗自發噱。我想這就是老夫子深植人心無可取代的魅力。也不難發現老夫子的搞笑絕活影響了許多香港電影，從許冠文到周星馳「無厘頭」式的幽默趣味。

眾裡尋她千百度，竟在燈火闌珊處。老夫子與秀堂邂逅在台北之後，脫胎換骨，誕生「新老夫子文化」。秀堂將老夫子與時俱進，升級成「文化大使」。

且說，大江東去千古人物不變，老夫子貴為大使之後，港式生活依然故我，吃喝玩樂之餘，同步重現即將斷版的香港庶民歷史。

旅遊的核心價值早已悄悄從「大開眼界」進化成「文化探索」。香港，就讓「老夫子帶路」，深入最初始的百年文化行腳。

香港采風好看 老夫子萬歲

◎鄧永鏘爵士(收藏家/作家/Sir David Tang)

從幼稚園時我已認識老夫子、大番薯及秦先生，每星期的零用錢都用來買老夫子雜誌，其它的漫畫差不多「擺埋一邊」。在英國讀書時我亦有追老夫子雜誌，甚至成年後到現今仍經常睇他的卡通。

在香港的藝術發展史上，如果沒有老夫子就像缺了什麼。

王澤是香港一個大英雄。

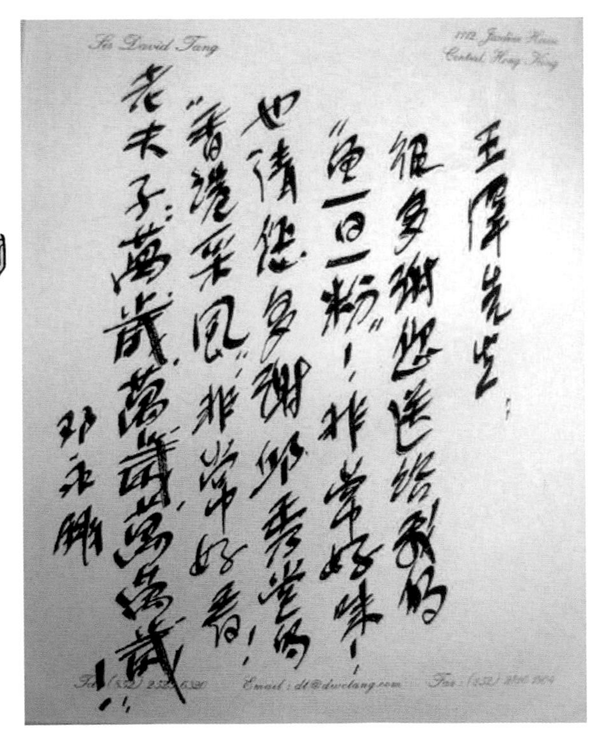

Sir David Tang

王澤先生：

很多謝您送給我的

"魚旦粉"！非常好味！

也請您多謝你秀堂的

"香港采風"非常中好看！

老夫子萬歲萬萬歲萬萬歲！！

鄧永鏘

Email : dt@dwtang.com

精彩香港逍遙遊

老夫子香港采風2

國家圖書館出版品預行編目(CIP)資料

精彩香港消遙遊：老夫子香港采風. 2 / 邱秀堂作；王澤漫畫.插圖. -- 初版. -- 臺北市：賽尚圖文, 民102.11
面； 公分
ISBN 978-986-6527-32-6(平裝)
1.遊記 2.人文地理 3.香港特別行政區
673.869 102022267

精彩香港逍遙遊－老夫子香港采風2

老夫子漫畫・插圖 王澤
作者・總編輯 邱秀堂
美術編輯顧問・策劃 楊豔萍
文字編輯顧問・主編 盧美杏
美術協力編輯 陳育錡 黃靖駩 唐威翔
校對 許瑀珊 邱秀利

授權行銷 何志焜 汪海清 886-2-27730589 分機18
e-mail：vip@omqcomics.com

出版發行\數位影像管理・賽尚圖文事業有限公司
106台北市大安區臥龍街267之4號
（電話）02-27388115 （傳真）02-27388191
（劃撥帳號）19923978 （戶名）賽尚圖文事業有限公司
（官網）www.tsais-idea.com.tw
賽尚玩味市集 http://tsaisidea.shop.rakuten.tw

總經銷・紅螞蟻圖書有限公司
台北市114內湖區舊宗路2段121巷19號（紅螞蟻資訊大樓）
（電話）02-2795-3656 （傳真）02-2795-4100
製版印刷・皇城廣告印刷事業股份有限公司

ISBN：978-986-6527-32-6
定價・NT.240元

出版日期・2013年（民102）11月16日 初版一刷

邱秀堂 e-mail:stqchiu@gmail.com
老夫子哈媒體股份有限公司 http://www.omqcomics.com/
老夫子漫畫部落格 http://blog.roodo.com/oldmasterq/

東西火花　盡在香港采風

◎林蕙瑛(教授/作家)

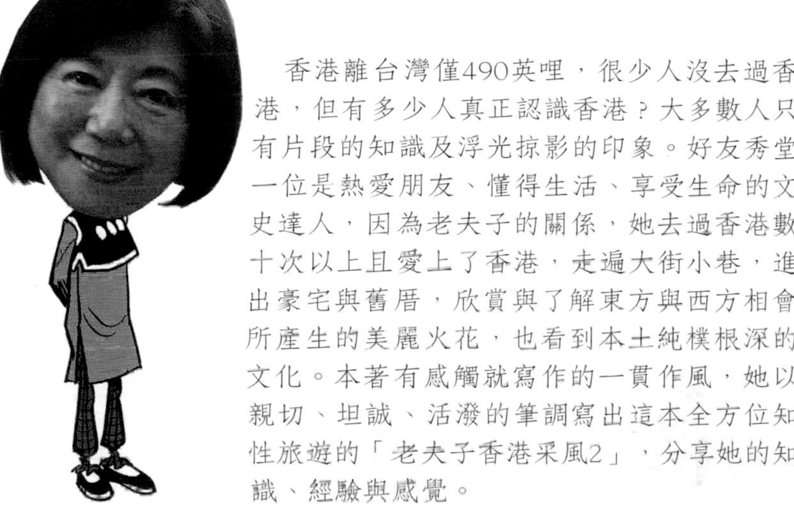

香港離台灣僅490英哩，很少人沒去過香港，但有多少人真正認識香港？大多數人只有片段的知識及浮光掠影的印象。好友秀堂一位是熱愛朋友、懂得生活、享受生命的文史達人，因為老夫子的關係，她去過香港數十次以上且愛上了香港，走遍大街小巷，進出豪宅與舊厝，欣賞與了解東方與西方相會所產生的美麗火花，也看到本土純樸根深的文化。本著有感觸就寫作的一貫作風，她以親切、坦誠、活潑的筆調寫出這本全方位知性旅遊的「老夫子香港采風2」，分享她的知識、經驗與感覺。

秀堂文史根底厚，國學造詣佳，她書中文字優雅生動，內容既知性且實用，而每一張照片都是秀堂親自拍攝，眼觀四方，用心取景，獨特珍貴且引人入勝。沒去過香港的讀者可由此書入門，先做功課，認識香港，等到了香港就知道如何依書中指引去玩；而去過香港的讀者當然可以在此書中感受到熟悉的印象，且絕對能發現許多的驚喜，原來香港是如此值得探訪的寶地，必定會期待追隨老夫子的腳步，再來一次香港深度旅遊。

先父林衡道教授生前就一再讚賞得意門生邱秀堂對歷史文化的興趣及好學不倦，當初他們是以研究台灣本土的民俗風土人情為主，合寫了幾本書，如今秀堂以「行萬里路讀萬卷書」的精神寫出「老夫子香港采風2」，家父在天之靈必感欣慰及驕傲，我也與有榮焉。

皆大歡喜，準！

◎汪詠黛
（台北市婦女閱讀寫作協會理事長）

俗話說，有一就有二，有二就有三，好事連番來。對於秀堂姐撰寫的《老夫子香港采風》第一集熱銷後，現在繼續出第二集，我看啊，接下來還會出版第三集、第四集、第N集，讓有意深度遊逛香江的讀者「皆大歡喜」。

我說這話，可是有好預兆的。話說今年端午節前，秀堂姐和我相偕到佛光山台北道場探望法師。我們像回娘家似的，和法師開心閒話家常，輕鬆大啖美味芒果；齒頰留香之餘，看到桌上有一筒漂亮鉛筆，順手拿起來把玩，哇， 有玄機喔，這是寫著星雲大師菜根譚法語的「鉛筆籤」！

姊妹倆立刻端坐抱著鉛筆籤筒搖一搖，闔眼，默想，抽籤。秀堂姐抽中的是——皆大歡喜。

「準！秀堂姐做人處事一向就是『皆大歡喜』！」我拍手叫好，法師也笑著點頭認同。而我當下閃過的念頭，正是秀堂姐一直被催促出版的《老夫子香港采風2》。有此好彩頭，這下她可賴不掉了。

我在這裡用「賴」來形容，還真沒有冤枉這位文史癡人！明明已經寫好那麼多精彩的香港采風，廣度深度兼具，卻遲遲不集結出版第二集，害讀者望穿秋水，頻頻寫信或在臉書上詢問：何時出第二本？

不過，終究秀堂姐還是讓我們「皆大歡喜」了。給您按一百個「讚」！大家繼續等著搶購第三集、第四集、第 N集……

香港之戀

◎葉毓蘭(中央警察大學副教授)

年輕時，我到香港尋找夢裡的美味，年紀漸長後，我終於知道那是我喜歡的作家們，將1949年渡海來台時被迫停格的記憶，透過他們的文字，偷偷植入我的腦海中。香港的美食，成了一開始最吸引我的理由。但是隨著來香港次數的增加後，我開始目眩神迷於香港的蛻變與不變。在高聳入雲的摩天樓群旁，小　巷裡多的是百年老店，大排檔賣的是數十年不變的味道；中環、銅鑼灣的閃爍霓虹開始換成炫麗多彩、變化多端的LED市招，但轉角處就有一個牽動思古幽情的牌坊、古剎，甚至是一個仍然掛著當舖古名「大押」的酒館，香港充滿著現代與傳統、科技與文化、古今與中外相互撞擊的矛盾，但也因為這個矛盾，讓香港變得如此迷人。

因為從小就愛看老夫子，香港對我而言，從來就不陌生，在老夫子漫畫的場景裡，我認識了香港的民俗風情與日常起居。前幾年，文史美女邱秀堂的《老夫子香港采風》出版後，我終於可以跟著老夫子走訪香港、九龍、離島的民俗史蹟，香港對我的吸引力更是倍增，而這些史蹟文物也幫助我認識香港，以及看清我和香港之間隱隱牽繫的那條線，以及先民移動的軌跡。

在引頸翹盼多時後，《老夫子香港采風2》要問世了，跟著老夫子和秀堂，我們可以盡情在香港吃喝玩樂，而且不會有一丁點的罪惡感，因為，我們可是一邊享受香港的美食，一邊探訪風土民情，這可是很有品味，可以提升氣質的風雅諸事喔。感謝秀堂，帶我另眼看香港，另類遊香港，也因而更愛香港！

序輯

自少父母愛帶我周遊列國，長大後於海外留學，現在為了工作更是與飛機為伴；卻因此讓我更想念和喜歡香港美麗獨特的風貌－中西薈萃的文化建築，現代化都市中保留的懷舊情懷，以及紅磚綠瓦背後的歷史人情。

感謝秀堂的《老夫子香港采風2》讓我從新認識香港，與老夫子一同遊歷這些遺忘了的大街小巷！

趙式和(藝術家/收藏家)

旅居星馬三十年，發現當地華人格外鍾情香港，旅遊及潮流追逐是首選，而語言、飲食、風俗及民情，都不脫港味。

「秀香港風情之堂奧」，必能締造華文書市銷售長紅的佳績！

程榕寧

(作家/資深媒體人/金鼎獎得主)

香港人看了就知道你自己有多香港？非港人看了可以向人炫耀你有多香港！老夫子全方位輕輕鬆鬆帶你走透香港！

陳牧雨(水墨畫家/吳三連文藝獎得主)

《老夫子》經典漫畫人物和香港文化歷史情懷是分不開的。由老夫子帶路遊香港，深入每個角落，品嚐美味小食，必會通暢無阻，很逍遙！讚！

黃敬銓

(KC Wong/馬來西亞老夫子媒体有限公司執行長)

閱其文如見其人，秀堂是個性格開朗，樂於助人，而且是相當熱心的女孩。
她活潑的性格在我心中她永遠是那麼年輕，閱讀她的散文就感染了生命的躍動，心坎裡洋溢著青春的微風，令人忘卻了年齡的界限。

李仕活(作家/漫畫家/影評人)

秀堂女史細細逛，
精彩香港躍紙上；
頑皮夫子朝夕伴，
一本采風樣樣棒。

盧美杏(中國時報資深主編)

香港是快速發展的地方，文化中西薈萃、新舊相互交融；而老夫子看來很傳統，其實思維與時俱進，由老夫子介紹香港最恰當。

李思捷(香港藝人)

秀堂伴夫子遊港，足跡踏遍大小巷，
慧眼所到必留像，亦步亦趨譜新曲，
祥雲幽境俱收藏，頭枕趣書觀南海，
聆聽天籟出塵凡。 **吳清和**(資深媒體人)

(用心觀察+認真報導)×(開心遊玩+快樂品嚐)
=精彩香港逍遙遊❤秀堂的第二本老夫子香港采風。

楊豔萍(老夫子漫畫美術編輯顧問)

香港，好精彩！

◎邱秀堂

「今人不見古時月，今月曾經照古人。
古人今人若流水，共看明月皆如此。」—李白《把酒問月》

我喜歡李白這首詩句，因為從今看古鑑往知來，當我們在星辰羅列的蒼穹下回望歷史長河，都希望能留取人間那最動人的風景。

自2009年《老夫子 香港采風1－香港道地私房景點遊》出版後，我繼續穿梭於香港的大街小巷探索今古時光，包括歷史、人文、民俗，與時尚的吃、喝、玩、樂，也繼續將它們收入鏡頭、化為文字，於每半個月在香港出版的《老夫子漫畫》中發表。對我來說，香港的精緻美食、街邊大排檔食肆，大樓、商家樓下的「門口土地財神」，路面的指標和地面的人孔蓋，乃至周邊眾生的姿態，都充滿著生命的律動與繽紛的色彩，強烈吸引著我。

記得《老夫子香港采風1》出版後，文友盧美杏在她的部落格上寫了一篇文章「老夫子帶路遊香港」，文中問我：「香港有什麼魅力，讓妳甘冒烈日狂雨上山下海呢？」

原因很簡單——我是個熱愛地方史的癡人。在閱讀老夫子四格、六格漫畫的會心一笑中，引起我尋找香港社會那些年、那些人、那些事的極大興趣，香港豐富的文化底蘊和與時俱進的生活滋味，在在令我著迷。

很多人一想到繽紛的香港旅遊，腦中立刻跳出「吃東西，買東西；買東西，吃東西」的畫面，但我認為絕非如此。曾任中國時報旅遊版主編的專欄作家汪詠黛，也在報導中說：「如果只是這樣，唉呀，可就太老梗啦！到香江享受豐富的吃喝玩樂之際，其實也有很多文化資產可供遊賞，為自己增加幾分旅遊氣質與深度。」汪詠黛在文中呼籲：「各位台灣旅遊達人，請勿笑香港人『沒文化』，探訪東方明珠除了好吃、好玩的，還可加上好有歷史文化況味的另類旅遊樂趣。」

香港的確很精彩，我在《老夫子香港采風1》一書中，依香港島、九龍半島、新市鎮、離島介紹許多私房景點，供讀者遊逛；現在這本《老夫子香港采風2》則以民俗篇、玩樂篇、逛街篇、吃喝篇來分類，陪大家逍遙遊香江。只要參考書中所寫的，不管在地人或旅遊者，走在香港大街小巷，要吃、要喝、要玩、要樂，還有俯拾皆是的民俗與古蹟可賞，香港果真樣樣好精彩！

打著「亞洲盛事之都」的香港，一年四季都有中西節慶盛典。本書《精彩香港逍遙遊——老夫子香港采風2》「民俗篇」中特別著墨從過年到廟裡走春、驚蟄時鵝頸橋的打小人、三月三北帝誕、七月中元節建醮超度幽魂、中秋節大坑舞火龍，以及屏山鄧氏祠堂筵開數百圍的傳統盆菜宴，這些慶典都是香港道地的文化，值得遊觀。

我喜歡香港，除了交通堪稱便利、安全外，想要放輕鬆，花不到一小時光景搭船至離島，就有度假的感覺；要認識民間信仰的眾神明，不必到深山，在鬧區，如灣仔「北帝古廟」巡禮一番，即可見到神氣活現的眾神祇；又如，走一趟青山寺（又名杯渡禪寺），清朝遺臣，民國要人的墨寶一次看個夠。

「千里姻緣一線牽」是現代未婚男女渴望得到的，也都會想求助於月老牽紅線，但很多人不知道香港月下老人祠在那裡。到了屯門青山寺，只要細細觀察，就會發現原來月下老人隱身在小巖洞裡。此寺依山而建，隨石階蜿蜒而上，在觀音閣後方的洞內，月下老人還與包公神像為鄰呢！雖然月下老人祠與包公巖都在洞內很隱密的地方，但有心求偶的男男女女，只要有耐心，肯定可以找到月老。

感謝國際桂冠詩人張香華女史為老夫子香港采風1、2集賜序文，亦師亦友的香華老師形容我是「學歷史的人往往有異於常人的眼光」，給我鼓勵甚多；師長、好友如鄧永鏘爵士、陳牧雨、陳建良老師，好友林蕙瑛教授、葉毓蘭教授、作家程榕寧、陳怡真、汪詠黛、張慧心、陳煥華、吳清和、收藏藝術家趙式和小姐，還有藝人李思捷等，還有三位老夫子的資深粉絲黃敬銓、黃志偉、譚宇正、鄺民龍與小讀者林柏宏，都是我生命中的貴人，也是鞭策我深耕走訪民俗史蹟的最大動力。

當然，最要感謝的是我的團隊：我的好伴侶建築藝術家王澤（老夫子第2代作者，如上圖）為本書繪製「好銷魂」的老夫子插圖，提供許多高見；老夫子漫畫編輯顧問盧美杏為每篇下標題、潤色；美編顧問楊豔萍執行編排策畫；授權總監何志焜協助，還有吳興記書報社社長吳中興先生、特助余岳橋先生及台灣賽尚圖文事業有限公司負責人蔡名雄、鄭思榕賢伉儷的大力支持，本書《精彩香港逍遙遊——老夫子香港采風2》才能出版面市；更感謝這些年來好友魏理庭、吳惠芳，薛興國、魏碧蓮，李仕活、諾瑪，馬龍、舒眉，尊子、陳也，李承康、趙式和，馬志雄、Louisa，陳偉雄、Karen，Rex、Elaine等，九對夫婦及Lucia與律師Sandra，帶王澤與我在香港上山下海，品嚐美食。特別要提的是唐徽（北京普華永道合夥人）慷慨提供她在香港半山的華廈，讓我們到香江有下榻歇腳之處，並融入當地生活，體驗香港上層社會與庶民的作息點滴；還有舍弟盛材與老夫子讀者修羅特，贈與多張珍貴照片，讓本書更為生動，在此一併致謝。

特將此書獻給老夫子作者王澤（本名王家禧）、陳玲玲伉儷與家母邱曾雪英；和台灣「古蹟仙」林衡道教授（1915年5月2日－1997年1月18日），林教授是帶領我探索古蹟、風俗民情與走向筆耕的啟蒙恩師。

誠摯希望《老夫子 香港采風2》繼續受到讀者的熱情支持與推薦，香港，好精彩！

精彩香港逍遙遊－老夫子香港采風2

民俗篇

目錄

玩樂篇

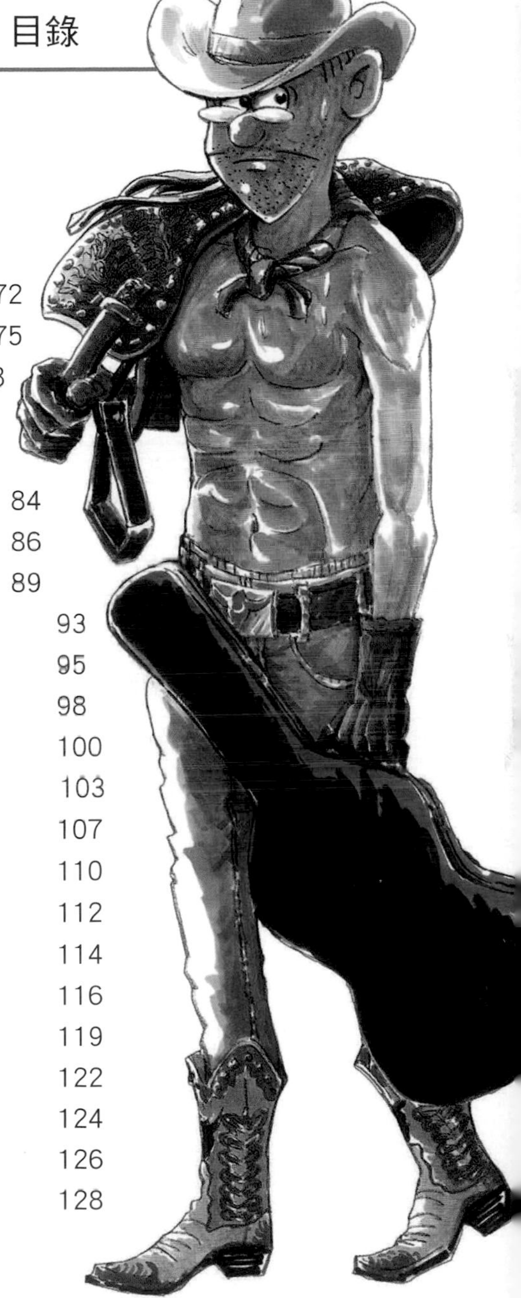

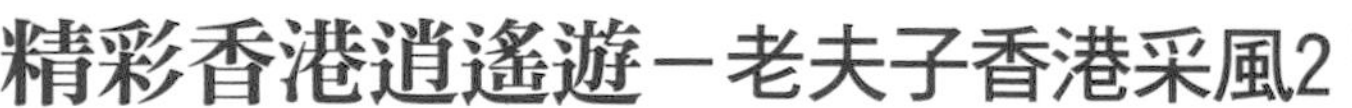

精彩香港逍遙遊－老夫子香港采風2

逛街篇

目錄

吃喝篇

青山寺走春
前人墨寶看個夠

想要選擇清幽環境又能來趟文化洗禮，位於新界屯門的青山寺(又名杯渡禪寺)，應是不錯的選擇，可以看到清朝遺臣，民國要人，以及精通中文又寫得一手好字的香港總督等，所留下來的墨寶。

▼青山寺的山門牌坊「香海名山」是香港總督金文泰題；兩旁的對聯則為梁士詒題。

▲進入方丈室之小路、石櫈，是李小龍電影「龍爭虎鬥」的場景之一。

從青山山腳挹曉亭而上，眼前山門牌坊－「香海名山」，寫著香港總督金文泰題，兩旁的對聯為三水梁士詒題：「樓官參差清夜聞鐘通下界湖山如此何時返錫到中原」。據說1929年12月青山寺竣工揭幕的那一天，許多香港政要及工商界名人都被邀請出席，當金文泰看到梁士詒的對聯時很不客氣地質問梁士詒：「返錫到中原是什麼意思？」頓時，引發了梁士詒與港督的唇槍舌劍的說法。

金文泰（Sir Cecil Clementi1875年-1947年)是1925-1930時的香港總督，也是知名的「中國通」，善書法的金文泰，除了熟習廣東話和官話外，又通曉中國詩詞；梁士詒(1869年-1933年)則是清末民初中國政壇的重要人物，仕途最顯赫時當上了北洋政府國務總理，也曾經過顛沛流離的海外逃亡的生活，在生命最後的幾年中，他寓居香港。

山門背面是鐵禪法師所題的「回頭是岸」；其中對聯：「遵海而南栖渡情依中國土　高山仰止韓公名重異邦

◀ 樓高兩層的客堂，乃接待各方善信的地方，牆面浮雕與山牆懸魚的日月裝飾均保存完好，此「得渡」匾為葉恭綽所題。

人」。是東莞陳伯陶所書，借杯渡禪師來比喻來自異邦的金文泰，另一方面亦讚揚南來的唐代文學家韓愈。陳伯陶後移居香港，在港與賴際熙等人創立「學海書樓」，開壇講經，對振興國學負有使命，1930年在香港逝世。

精彩加料：

進入大雄寶殿與青山寺接待處有香港望族何甘棠寫的對聯與葉恭綽的「得渡」匾，葉恭綽是誰？他是近代鼎鼎大名的書畫家、鑒賞家、收藏家。早年留學日本，加入孫中山領導的同盟會，曾任北洋政府交通總長、財政部長的葉恭綽(1881－1968年)，最廣為人知的是抗日戰爭爆發後，他保護文物不遺餘力，命侄子葉公超(曾為台灣外交部長)力保毛公鼎，不讓日本掠奪的曲折感人故事。

老夫子帶路：

到青山寺可乘搭輕便鐵路，在屯門工業學院站下車，然後從興才街轉入楊青路，看到青山古寺的指示牌後，沿車路登山，步行約三十分鐘便可至青山寺。

▲ 杯渡禪寺的「不二法門」牌樓。其正面是「杯渡遺蹟」。

屯門杯渡禪寺 古意典雅

可知道香港佛教的發源地在哪兒？到屯門走訪一趟，原來答案就在屯門青山寺！至於青山寺山頂上號稱韓愈寫的「高山第一」石刻，韓愈曾到屯門青山寺嗎？

屯門，顧名思義是軍隊屯兵的地方，位於香港新界的西部的屯門，有稱團門或段門，英人稱為保壘山，因境內主山為屯門山，又名青山，也有一個很特別的名稱，叫「杯渡山」。

杯渡指的是南朝劉宋(420-479)，也就是五世紀中葉，相傳有位怪僧從東南亞抵達屯門，因他喜歡乘坐大木杯渡水，因而得名。杯渡禪師隱居於今日青山寺的高山中，因此，青山寺即被稱為香港佛教發源地。

屯門青山寺由多組建築物構成，包括牌樓、山門、大雄寶殿、不二法門、觀音閣、功德堂等。青山寺內除了杯渡巖內置有杯渡禪師像，護法殿與大雄寶殿的屋脊，有石灣陶磁塑像及二龍爭珠與石灰造的鳳凰，古色古香，非常典雅。

▼ 大雄寶殿的屋脊上有雙龍奪珠、八仙及竹林七賢等陶塑人物，栩栩如生，色澤明艷。右小圖是相傳杯渡禪師於五世紀時在此岩洞生活。

▼「回頭是岸」四字由鐵禪法師所書。此牌樓屋脊上的石灣陶瓷雕像，包括有姜子牙金台拜將、哪吒等封神榜中的人物，非常生動。

精彩加料：

「高山第一」四個大字的石刻上有「退之」二字，究竟是唐朝文學家韓愈的字嗎？韓愈字退之，世稱韓昌黎或韓文公，任國子監因諫阻唐憲宗迎佛骨被貶為潮州刺史。韓愈在《贈別元十八協律》詩之六中寫道：『屯門雖雲高，亦映波浪沒』。指的就是廣州外港屯門的海浪，因此穿鑿附會以為是韓愈在屯門書寫的。經考證，從《鄧氏族譜》得知，這是北宋進士鄧符協臨摹韓愈書法的石刻。

老夫子帶路：

到青山寺可乘搭輕便鐵路，在屯門工業學院站下車，然後從興才街轉入楊青路，看到青山古寺的指示牌後，沿車路登山，步行約三十分鐘便可至青山寺。

有心求偶青山寺
千里姻緣靠月老

「千里姻緣一線牽」，這流傳千古的俗話，使得大家相信男女結合是由月下老人繫紅繩加以撮合的，所以，後人就把媒人叫做「月下老人」，簡稱為「月老」。

現代許多未婚男女想得到姻緣，也都會求助於月老，因此灣仔寶雲道上與慈雲山的姻緣石、吉澳島姻

▼ 從供奉千手觀音的觀音閣建築物外牆旁邊的拱門進入，內有包公巖及月下老人祠。

緣樹，相傳是求夫得夫，求妻得妻，求子得子的神石。難道，香港沒有月下老人廟嗎？

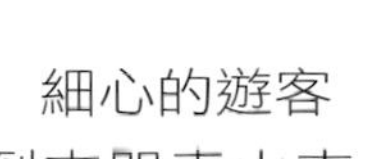

細心的遊客到屯門青山寺走一趟，就會發現原來月下老人就隱身於杯渡巖旁上方觀音閣後方的洞內，月下老人還與包公神像為鄰呢，雖然月下老人祠與包公巖都在洞內很隱密的地方，但有心求偶的男男女女，只要有耐心，肯定可以找到月老牽紅線的！

青山寺，古名杯渡禪寺，是香港歷史最悠久的古老禪院，也是明代「新安八景」之一，從杯渡路往青山寺的路上，沿途樹木鬱鬱蔥蔥，登臨山巔放眼望去，遠方的海景若隱若現，屯門一帶錯錯落落大廈盡在眼簾，美不勝收，果真是人間淨土。

老夫子帶路：

到青山寺可乘搭輕便鐵路，在屯門工業學院站下車，然後從興才街轉入楊青路，看到青山古寺的指示牌後，沿車路登山，步行約三十分鐘便可至青山寺。

精彩加料：

婚姻之神「月下老人」亦為成語，典出《唐・李復言・續幽怪錄・定婚店》。話說唐朝韋固年少未娶，某日夜宿宋城，在旅店遇一老人，靠著一口布袋，坐在月光下，翻看著一本書。韋固問老人家在翻查什麼？老人答：「天下人的婚書。」韋固又問袋中是什麼東西？老人說：「袋內都是紅繩，用來繫住夫婦之足。雖仇敵之家，貧富懸殊，天涯海角，吳楚異鄉，此繩一繫，便定終身。」

屏山盆菜
最有圍村味

在香港要吃盆菜、要看祠堂、要體驗圍村獨特的風俗文化，腦海裡立刻想到的是，走，到元朗屏山去！

有許多香港人逢年過年都要食盆菜，雖然坊間也有不少酒家肆經營盆菜，但據説屏山的傳統盆菜，最有圍村人的風味，説到屏山傳統盆菜，不由得就會想起每逢年節，鄧氏祠堂筵開數百圍的盆菜宴。

▼ 外牆為白色的拱形長廊雙層建築，非常美觀，內展示著鄧氏家族在屏山的發展歷史。

鄧氏家族為是新界其中一個重要的宗族，根據文獻資料記載，早在十二世紀就已定居於屏山，建村立圍，今日走一趟屏山文物徑，就可看到許多傳統的中式建築和歷史文物。

◀ 上下兩圖，皆為館內展出的資訊與文物。

老夫子帶路：

港鐵西鐵綫屯門—紅磡（天水圍站）
九巴53元朗（東）—荃灣（如心廣場）（經屏厦路）

探訪屏山，遊客可先到「屏山鄧族文物館」，此文物館的前身是舊屏山警署改建成的，原來1898年英國與中國簽署《展拓香港界址專條》以租借新界土地後，屏山鄧族與英軍多次發生暴力抗爭，政府認為需要建設警署以維持治安及提供政府服務，因而於翌年建成屏山警署，作為新界西北區的警察根據地。

這座外牆為白色的拱形長廊雙層美觀建築，現館內展示著鄧氏家族在屏山的發展歷史與民風習俗，實別具深意。

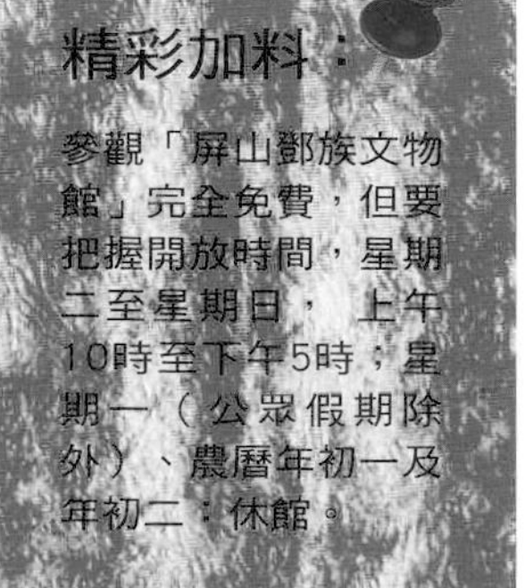

精彩加料：

參觀「屏山鄧族文物館」完全免費，但要把握開放時間，星期二至星期日，上午10時至下午5時；星期一（公眾假期除外）、農曆年初一及年初二：休館。

▲ 愈喬二公祠大門上的對聯：「達期兼善，德修於身」。

愈喬二公祠
香港飄書香

座落於屏山鄧氏宗祠旁的愈喬二公祠，為三進兩院式建築，由鄧族第十一世祖鄧世賢（號愈聖）和鄧世昭（號喬林）昆仲於十六世紀初興建，清光緒年間曾進行大規模修葺，但仍保持原來的結構和特色，已被指定為香港法定古蹟。

愈喬二公祠正門有一幅對聯，「達期兼善 德修於身」，原來位於坑頭村和坑尾村之間的此公祠，除了是祠堂外，在1931年至1961年間，也開辦了達德學校，是屏山各村子弟讀書之場所。

◀ 鄧氏家族歷代祖先牌位。

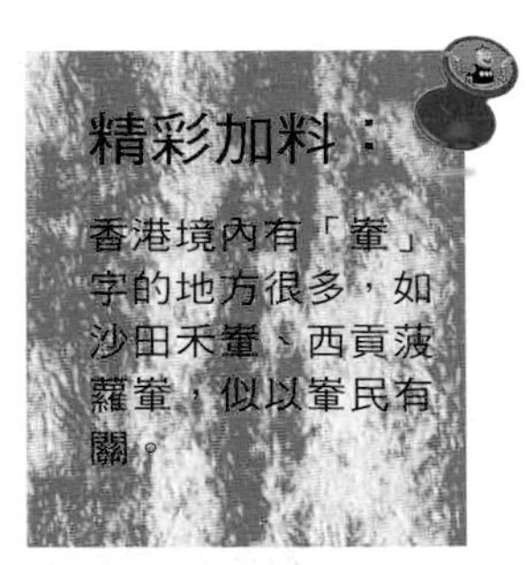

鄧氏為香港新界的五大家族之一，至於香港居民有哪些？據蕭國健著《香港古代史》一書中説，從近年考古發現的史前文化遺址中，香港先住民有傜民、輋民、越民；而香港及新界境內的四大民系，為廣府人、客家人、鶴佬及蛋家人。

説到客家人，新界望族鄧氏屬客家，客家人本屬中原人士，後因避亂，自秦、漢年間遷入嶺南，元明年間又有遷入香港境內，因此客家人在新界分佈很廣，居民也保存了許多中原客家風俗習慣，如廟宇、宗祠、書院、私塾等。

向來以耕讀傳家的客家人，刻苦耐勞、重家庭及宗族觀念，民風很淳樸，重視文教，走一趟新界客家地區就可發現私塾與書院為數不少。愈喬二公祠內，其對聯之一「此日杏林方挺秀依屏嶺之杏花芬芳杏子供來俎豆盡生香」也可印證。

港鐵西鐵綫屯門—紅磡（天水圍站）
九巴53元朗（東）— 荃灣（如心廣場）（經屏廈路）

▲ 愈喬二公祠曾是屏山各村子弟讀書的達德學校。

屏山鄧氏宗祠
代代賢人出

走訪新界屏山坑頭村、坑尾村和上璋圍間的文物徑，獨特、瑰麗的民居建築與古蹟如鄧氏宗祠、愈喬二公祠、述卿書室、覲廷書室，都與鄧氏家族有關，可知新界五大族之一的鄧族其中一支早於十二世紀時已定居屏山，並在此開基立業。

鄧氏是新界五大家族之一，南宋以後漢人紛紛遷入香港，開村立業，歷數世紀，人口繁衍，其中以鄧、文、廖、侯、彭姓族人甚眾，擁有土地也多，而且掌握地方經濟，歷代代出名賢，在境內具有很大的影響力，因而被稱為「五大族」。這五大家族，見證了香港過往的歷史和社會發展。

新界鄧氏，原籍江西省安

▶鄧氏宗祠旁的土地公神位對聯：「門興官賜福，土旺地生金」。

老夫子帶路：

港鐵西鐵綫屯門—紅磡（天水圍站）
九巴53元朗（東）—荃灣（如心廣場）（經屏廈路）

▲ 建築風格氣派恢宏的鄧氏宗祠，是家族聚會的場所。

精彩加料：

鄧氏宗祠被指定古蹟，因此政府派有專人管理，來此參觀時，管理的人特別介紹宗祠旁販賣甜品的攤子，好吃得很，是很好的手信呢！（如上圖）

府縣白沙村，北宋時到廣東，其後，該族有至屏山也有分遷至荃灣、禾堂咀及上下葵涌等地。今由屏山三圍六村：上璋圍、橋頭圍、灰沙圍、坑頭村、坑尾村、塘坊村、新村、洪屋村及新起村所環抱的三進兩院式的恢宏「鄧氏宗祠」，至今有七百多年歷史，已被列為法定古蹟。

「南陽承世澤 東漢啟勳名」為對聯的鄧氏宗祠，屋樑雕刻非常精美，有各種動植物和吉祥圖案，屋脊皆飾有石灣鰲魚和麒麟，後進祖龕則供奉著鄧族先祖神位。此宗祠目前不但是鄧氏族人祭祖、也是慶祝節日舉行各種儀式及父老子孫聚會的場所。

屏山有五碑
甲子科舉光輝史

蜿蜒於屏山文物徑，古樸的青磚、灰瓦瑰麗建築與精細的雕梁、石柱，可以強烈感受到屏山的悠久的歷史與濃濃的人文氣息。

先說屏山坑尾村的「坑尾村公園」，一進公園即可以看到五座碑並立，這五方碑有同治甲子科舉第

▼ 屏山坑尾村公園內，五座碑並立，紀錄了鄧家光輝的歷史。

▼ 坑尾村公園附近的村落有許多瑰麗的建築。

四十一名文林郎揀選縣正堂文學鄧寶琛碑、道光丁酉科中式舉人 鄧勳猷 立等碑，證實屏山鄧氏家族「祖孫父子兄弟叔侄文武登科」的光輝歷史。

其中有一塊屬於近代的碑寫著：「北洋醫院畢業派往美國哈佛大學深造醫學博士鄧松年」。鄧松年從香港到北洋學堂學醫，令人想到中國檢疫防疫事業的先驅——伍連德。

祖籍廣東新寧(今台山縣)的伍連德（1879—1960），1908年從馬來亞到天津，很快便認識了在該校就讀的鄧松年，伍連德後來受清朝委派，成功平息了1910至1911年間東三省的一場大鼠疫，隨即在中國建立檢疫和防疫機構。而鄧松年在伍連德所領導的東三省防疫事務總管理署擔任「醫官」，九一八事變以後，東三省防疫總署停止運作。

鄧松年從北洋醫學堂到美國哈佛大學，顯示了鄧氏家族讀書風氣代代相傳。

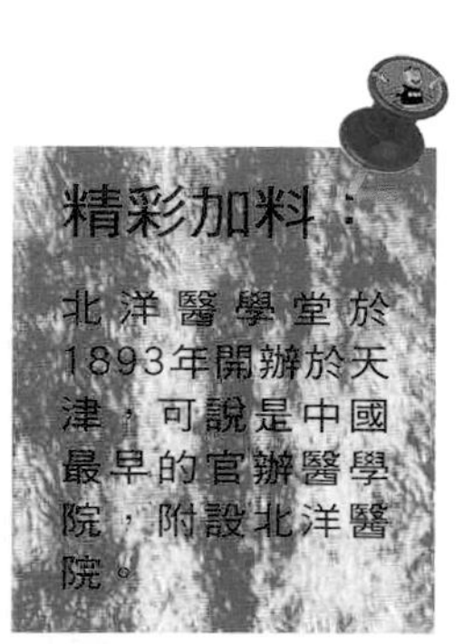
精彩加料：

北洋醫學堂於1893年開辦於天津，可說是中國最早的官辦醫學院，附設北洋醫院。

老夫子帶路：

港鐵西鐵綫屯門—紅磡（天水圍站）
九巴53元朗（東）— 荃灣（如心廣場）（經屏廈路）

▲走一趟屏山文物徑，會發現小小屏山有許多書室與家塾。

屏山書室　品味經典

「衣冠承世澤　詩禮振家聲」——聖軒公家塾大門對聯

「門環碧水觀龍躍　地枕屏山聽鹿鳴」——若虛書室大門對聯

「崇山毓秀　德澤流芳」——覲廷書室大門對聯

「無心日出岫　有意月窺窗」——覲廷書室南窗對聯

「燕詒孫子　翼勵綱常」—— 仁敦崗書室大門聯

「燕也如雲有德有功開甲第

翼乎以禮為忠為孝洽士林」—— 仁敦崗書室大廳聯

◀ 覲廷書室是鄰近村落子弟讀書的地方，也兼具祭祀祖先的場所。

以上對聯，都是摘自屏山文物徑上的書室與家塾。

從這些對聯可看出，無非是希望子孫能努力讀書，考取功名，彰顯祖先的功德，繼而提升家族的社會地位。

這也就不難了解為什麼小小屏山，居然有那麼多書室與家塾？也可見鄧氏客家人對興賢育才，品德與學識都非常重視。

其中坐落屏山坑尾村的「覲廷書室」，於1870年屏山鄧族廿二世祖香泉公為紀念其父覲廷公而興建，是坑尾及鄰近村落青年讀書學習的場所，兼具有教育及祭祀祖先的雙重作用。

精彩加料：

元朗屏山是香港歷史最悠久的地區之一，而鄧氏家族則為新界其中一個重要的宗族。

▼沿著屏山文物徑(下圖)指標，所到之處門窗對聯(右圖)，令人發思古之幽情。

而位於愈喬二公祠側的「聖軒公家塾」，仍保留著傳統的書室味道，可惜未開放。友人告訴我，「私塾」又稱「卜卜齋」，是早年為村裡子弟提供教學的地方。

「卜卜齋」怎麼來的，原來是昔日私塾老師手執誡方，也就是木條，遇有學生犯錯時敲桌子或敲學生頭殼時，便會發出「卜卜」聲音而得名。

參觀書室、私塾，觀賞建築物可發思古之幽情；仔細研讀其門窗的對聯，更可品味古聖先賢的經典名句。

老夫子帶路：

港鐵西鐵綫屯門—紅磡（天水圍站）
九巴53元朗（東）— 荃灣（如心廣場）（經屏廈路）

◀ 主掌海洋的洪聖王，深受新界居民的敬仰。

洪聖宮
善男信女誠心拜

洪聖爺可以見證愛人的關係嗎？洪聖爺又是誰？多年前因千億元遺產爭奪案，鬧得沸沸揚揚的男主角透露，曾經與過世的女聞人到西貢滘西洲的洪聖爺廟拜神，祈求神靈見證他倆的關係。為此，讓許多相愛的戀人，都想參拜洪聖爺呢。

誰是洪聖爺？相傳洪聖爺掌管天氣，能保佑風調雨順，因此中國南方廣東惠州、潮州與廣州、香港的許多漁民都把他當守護，在灣仔、西貢、元朗等地也都有「洪聖廟」。

利澤宏敷
因洪聖宮內部木樑有白蟻蛀蝕，情況頗爲嚴重，有待安排維修。
爲了各位善信及遊客的安全著想，特此忠告各有意內進人士，請考慮自身的安全。
本村 示

◀鄧氏家族興建的洪聖宮，古樸典雅。

其實住在香港的人，對洪聖爺應不會陌生的，被稱為南海洪聖大王的洪聖爺，本名洪熙，他是唐代（618至907年）廣利刺史，傳說洪聖爺在位時鼓勵老百姓學習天文地理，並設立天文氣象觀測所，死後被追謚「廣利洪聖大王」。每年農曆二月十三日洪聖爺誕，善信皆誠心敬拜，為的是祈求洪聖爺降福。

▲牆上有同治年間重修洪聖宮的碑誌。

在屏山坑尾村由鄧氏族人所建的「洪聖宮」，為兩進式建築，中有天井，結構簡樸、古色古香，據説此廟建於清乾隆年間，今廟內尚存許多古匾，還有同治五年「重修洪聖宮題名記」一方，助銀重修名單刻中有舉人鄧寶琛助銀肆拾元、舉人鄧勳猷助銀肆拾大員等。

同治五年(1866年)肆拾元換算今日的幣值是多少？從古廟中的古碑助銀，或可提供今日研究經濟學者對幣值發展變化的素材呢！

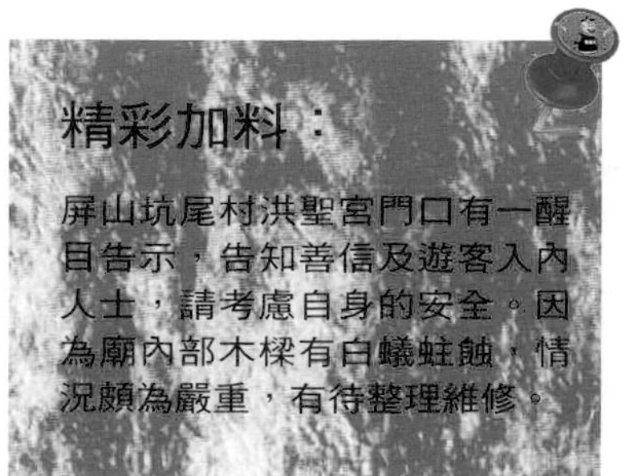

老夫子帶路：

輕便鐵路屏山站下車，沿屏廈路往屏山方向行約十分鐘，經過數間緊貼車路的村屋後，在車路右旁有一個小公園，洪聖宮即在公園內。

北帝古廟神氣活現

農曆過年期間想到廟裡拜拜認識神明，交通堪稱便利位於灣仔隆安街的北帝古廟，神氣活現的民間信仰神明眾多，應是不錯的選擇。

北帝古廟又稱玉虛宮，建於清朝同治二年（1863年），屬三進三間式建築，廟的正脊飾有雙龍，雖然經過多次重修，但仍維持古色古香的四合院形式，已被香港古物諮詢委員會評定為「一級歷史建築」。

玉虛宮除主殿供奉北帝（即玄天上帝），兩側有三寶殿、龍母殿及財神殿，旁配祀有關帝、觀世音菩薩、濟公、太歲、呂洞賓、三仙姑、城隍等眾神。

廟內有許多非常珍貴的歷史文物，如門額「玉虛

◀ ▶ 創建於清同治二年(1863年)的灣仔北帝廟又稱玉虛宮。門額「玉虛宮」三字出自清朝名將張玉堂手筆，右圖是銅製的北帝雕像。

▲廟內同治二年的古鐘，古色古香。

宮」三字就是出自清朝名將張玉堂手筆，入門玄關供奉的一尊非常壯觀的北帝雕像，則刻有「大明萬曆三十一年(1603年)歲次癸卯仲秋(中秋節)吉旦立」。

老夫子帶路：

玉虛宮位於灣仔石水渠街及隆安街交界。

可從灣仔地鐵站下車，在柯布連道出，向山方向步行約十五分鐘，途經莊士頓道，入皇后大道東，看到石水渠街，再往山方向前進，經過廣雲街、吉安街、至隆安街，便可到達玉虛宮了。

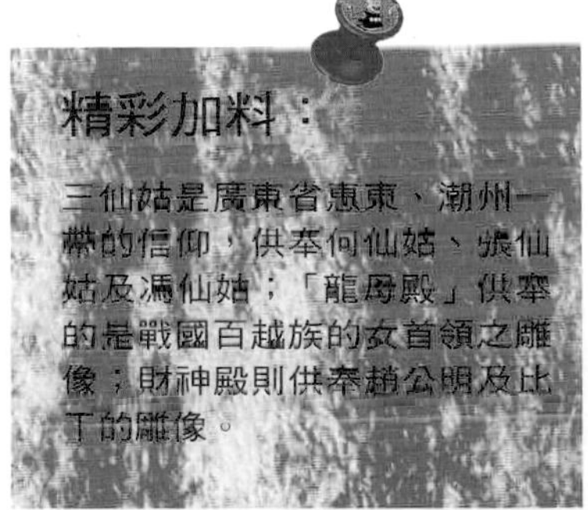

精彩加料：

三仙姑是廣東省惠東、潮州一帶的信仰，供奉何仙姑、張仙姑及馮仙姑；「龍母殿」供奉的是戰國百越族的女首領之雕像；財神殿則供奉趙公明及比丁的雕像。

三月三北帝誕 匾額楹聯有意思

對石刻和匾額楹聯有興趣的讀者，走一趟灣仔的北帝古廟肯定不會失望。

又稱玉虛宮的北帝古廟供奉北帝， 每年農曆三月初三的「北帝誕」，坊眾演劇誌慶，堪稱萬人空巷，是香港非常精采且充滿歡樂色彩的傳統節慶之一。

以下是玉虛宮內的對聯，充分體現了中國匾額楹聯的獨特文化：

▼北帝廟左廂的三寶殿，兩旁對聯：「須知佛地有真修現出三千世界　莫謂善緣無報應能超幾級浮屠」。

▼北帝廟右廂龍母殿光緒九年的對聯，是當年值事的生隆號等所奉。

「廿八宿週天北辰居其所而不動；卅六度出地上帝位乎極以無為。」——大門對聯

「精忠昭日月；義勇壯山河。」——關帝殿祭壇對聯

「劍掣三星威伏人間妖孽；旗麾七曜恩覃天下生靈。」——北帝祭壇對聯

「萬感通靈救苦心；慧眼降福垂遐邇。」——三仙姑殿祭壇對聯。

「陽世官刑雖倖免；陰司法網總難逃。」——城隍殿祭壇對聯

財神殿正門對聯：「求得黃金須積善；莫持白鏹便忘恩。」

財神殿山門後對聯：「行善面前財神照；積德仰首鯉成龍。」

老夫子帶路：

玉虛宮位於灣仔石水渠街及隆安街交界。

可從灣仔地鐵站下車，在柯布連道出，向山方向步行約十五分鐘，途經莊士頓道，入皇后大道東，看到石水渠街，再往山方向前進，經過廣雲街、吉安街、至隆安街，便可到達玉虛宮了。

精彩加料：

北帝廟主殿供奉玄天上帝，俗稱上帝公、上帝爺公，是明朝鎮邦護國之神、降妖伏魔之神、戰神，據說擁有消災解困，治水禦火，護持武運及延年益壽的神力，故頗受擁戴。另長洲有玉虛宮（又稱長洲北帝廟）

一遇驚蟄打小人
鵝頸橋最熱門

春天到了！迎接春天有句農諺說：「未到驚蟄雷先叫，四十九日暗天打」，意思是說，時序未到驚蟄節氣，雷聲就先響了，必定陰雨連綿，甚至四十九天看不見太陽出現。而在香港驚蟄時，則是「打小人」最盛行的日子。

什麼是「驚蟄」？又什麼是「打小人」？

「驚蟄」是中國四季二十四節氣之一，四季是春夏秋冬，節氣則是立春、清明、冬至等。驚蟄指的是春天到了，春雷初響，大地萬物開始萌芽生長，約在國曆3月5日或3月6日，驚蟄的節氣神是「雷公」。

至於「打小人」是流行於廣東、香港民間的的巫術

◀ 諸事不順嗎？小人纏身了？找「職業打手」，幫您擊退小人吧！左起至右是鵝頸橋下阿婆正在施「打小人」的儀式。（感謝讀者余岳橋提供圖片）

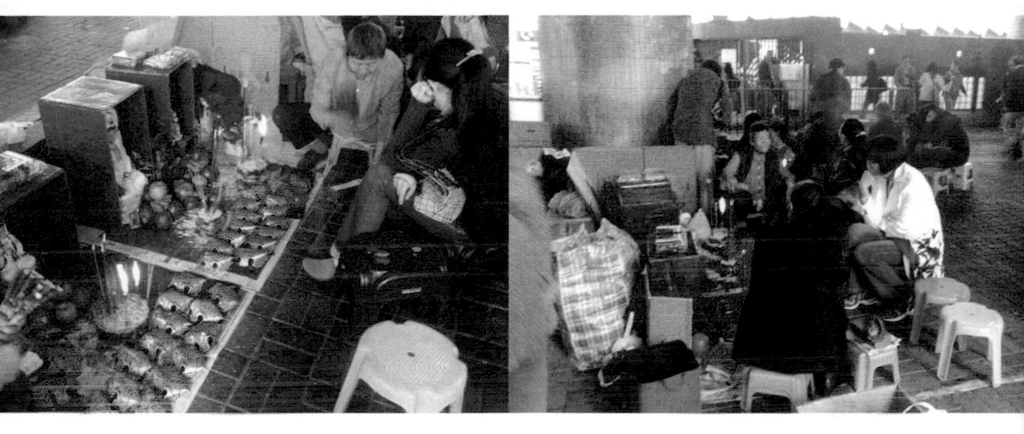

儀祀。依據民間傳説，蟄伏中的萬物在驚蟄時被春雷驚醒，如各種污蔑不堪之物包含小人、凶神白虎，因此自認運氣不佳的人，希望藉由儀祀來驅逐、報復所謂的「小人」。

因此，每逢驚蟄，在民間都有不少人前往當地的土地廟或陰暗的地方進行打小人活動。在香港銅鑼灣及灣仔之間的鵝頸橋，是打小人的熱門地，從前求助者多為老人家，近年來經常可以看到年輕人，藉著執行儀式老太婆手中的拖鞋，「打你個小人頭，等你有氣無得抖、打你隻小人手，等你有手無得郁，打你隻小人腳，等你有腳無得走……」以發洩自己心頭的恨或祈求消災解困。

精彩加料：

我們日常生活中除了用陽曆、陰曆之外，中國自古流傳下來的「農民曆」，是跟農人耕種生活息息相關，驚蟄時正是農夫們忙著插秧的時節，而第一聲雷在驚蟄前或後都有可能會出現雨水連綿或缺水現象，也足以影響今年農作物的收成。

老夫子帶路：

香港銅鑼灣鵝頸橋位於銅鑼灣堅拿道東與堅拿道西之間。

謝謝好兄弟
中元建醮超幽

▲有「南天佛國」之稱的寶蓮禪寺白牌樓，寺內有許多座富中國特色的建築。

「坐愛清光好，更深不下樓。不因逢閏月，今夜是中秋。」這首中元見月詩，是明朝邊貢（山東濟南人1476-1532）所作，説的是過閏七月中元節的夜晚。(2006年曾逢閏七月，原應八月十五日中秋節，卻還是七月十五日中元節)。

農曆七月俗稱為鬼月，據説陰間的鬼魂可以來到人間，七月中七月七日，七夕又稱中國情人節，還有七月十五日的中元節，佛教徒稱為盂蘭盆節。

農曆七月，走在香港和台灣都一樣，會看到不少人在路邊焚燒冥紙香燭超渡遊魂與好兄弟。如佐敦公園裡更是演戲超渡鬼魂，另外在灣仔、銅鑼灣、深水埗、尖沙咀等地，也有搭台設壇，“建醮超幽”，普渡孤魂野鬼，還有施濟貧苦的傳統習俗，如〝派平安米〞等，「推己及人」是優良傳統，故港人也稱七月為博愛月。

老夫子帶路：

寶蓮禪寺

中環6號碼頭搭乘渡輪前往梅窩，再轉搭2號巴士至昂坪巴士總站，車程約40分鐘。
港鐵東涌站B出口外的巴士站，乘23號巴士至昂坪巴士總站，車程約45分鐘。
從港鐵東涌站外的纜車站，搭乘昂坪纜車至總站，車程約25分鐘，下車後再步行約10分鐘。

▲大坑舞火龍是香港銅鑼灣大坑中秋節的傳統習俗。

中秋到大坑 道地舞火龍

每年中秋節前後，香港銅鑼灣大坑地區原本寧靜的小街巷，入夜後就變得熱鬧異常，火光閃閃，村民一邊敲鑼打鼓，一邊舞動著插滿線香的巨龍，飛舞翻騰的「舞火龍」儀式。

據説是源自百年前，大坑發生瘟疫，神明托夢，只要舞火龍便可以消除瘟疫，村民照着做，竟然應驗，日後成了香港很有特色的傳統習俗。

因對富有傳統民俗的「舞火龍」感到十分好奇，有一年王澤、我和名公仔設計師Winson&Louisa夫婦，特地到大坑身歷其境。夜裡一片鑼鼓聲中，近300人舞動著長達67公尺、插上逾萬枝線香的火龍，在大街小巷裡穿梭，熱鬧又壯觀！

▲ 煙香繚繞、火光閃爍的舞火龍，將平日寧靜的小巷擠得水洩不通。

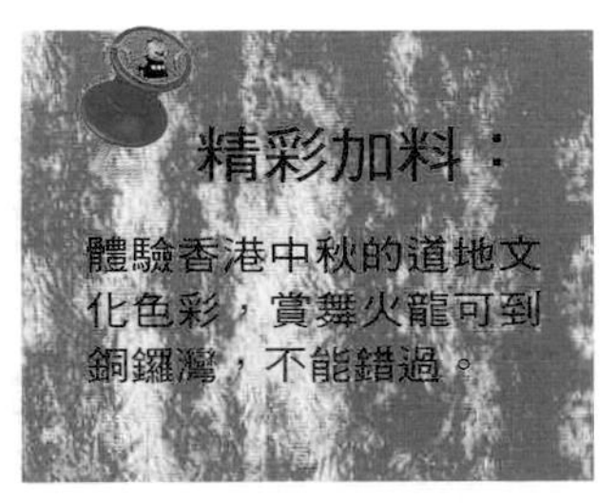

老夫子帶路：

從港鐵天后站A1出口，越過英皇道後右轉，前往高士威道與銅鑼灣道交界，然後左轉沿銅鑼灣道步行5分鐘往大坑。

銅鑼灣大坑口
紅香爐入港來

▲蓮花宮以外形呈八角形建築風格特別見稱，供奉觀音。

地鐵天后站的「天后」這個站名，是因天后廟而來的。從天后站走到「天后廟道」Tin Hau Temple Road至「蓮花街」Lily Street，途經浣紗街、禮賢里來到「蓮花宮」，這短短不算長的大坑路段，會讓人覺得特別有懷舊味道。

古稱鹽船灣的銅鑼灣，舊時相傳戴氏家族於海灣東岸建立了一座「鹽船灣紅香爐廟」，即今日的銅鑼灣天后廟。也有說，很久以前海上有一隻香爐，漂到紅香爐村莊，此村民是黃、張、李、朱、葉等姓的客家人，居民以為天后顯靈，便把香爐供奉於廟內，廟所在的山就是紅香爐山，此地被稱為紅香爐港簡稱香港，據稱也是今日香港名稱的來源之一。

◀▼銅鑼灣天后廟正門的香爐，與因天后廟而來的地鐵天后站。

今大樓林立的銅鑼灣大坑口，很難想像過去這一帶，曾是稻田耕地與泥沼之地呢！沿著大坑一帶注入銅鑼灣海旁的水，就成了大坑地名的由來，而昔日大坑村婦浣紗洗衣之地即浣紗街。今浣紗街、安庶比街、書館街、蓮花街等各大小街道，是每年中秋節前後觀賞舞火龍的地區。

在大坑區依山腳而建立的蓮花宮，以建築風格特別見稱，外形呈八角形，建於清道光26年創建，同治二年重修，供奉觀音，香火鼎盛，「蓮花街」就是以蓮花宮而命名的。

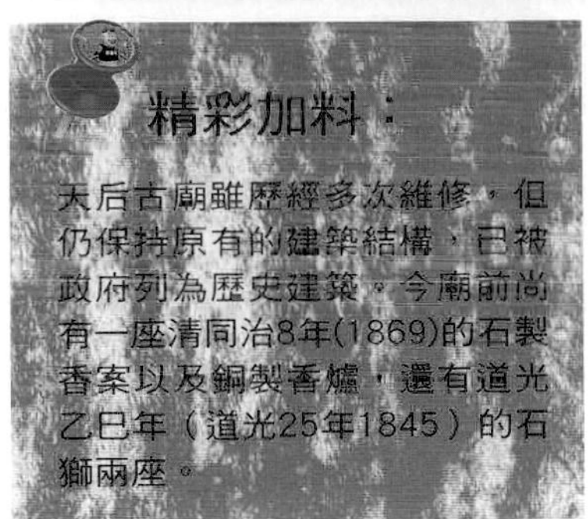

精彩加料：

天后古廟雖歷經多次維修，但仍保持原有的建築結構，已被政府列為歷史建築。今廟前尚有一座清同治8年(1869)的石製香案以及銅製香爐，還有道光乙巳年（道光25年1845）的石獅兩座。

老夫子帶路：

港鐵天后站B出口沿銅鑼灣道直行約，再轉入蓮花宮西街。約5分鐘。

柴灣逛民俗
不可不到羅屋

「和順滿門添百福　平安二字值千金」，這是香港「羅屋民俗館」正門的對聯，於1967年從此遷出的羅家後人都平安嗎？位於柴灣吉勝街十四號的「羅屋」，自羅家人離開後經修復，於1989年被列為法定古蹟，並在1990年對外開放參觀。

柴灣又稱西灣，客家人自寶安(後改稱東莞)遷徙至香港的柴灣建村，有羅屋(現羅屋民俗館)、成屋、藍屋、陸屋等姓氏村落。然而，1940年代晚期，隨著城市的發展，柴灣區內的村落蕩然無存，碩果僅存者只有今羅屋民俗館。

羅氏於何時定居柴灣？根據羅屋民俗館前的影印展示契約，一為從乾隆三十二年(1767年)廣州新安縣為編查保甲以治地方事，弭盜安民清查保甲清門牌，甲長羅子行給此戶長羅元信(文中註明，戶長羅元信年32歲務農，戶丁文遠、文振、文祥各一十二、八、四歲)懸掛門首的紅印契；另一是嘉慶元年(1796年)業戶羅文遠的買賣契。因此，可知羅氏應早於乾隆三十二年在此落戶。

▲建於清朝年間的羅屋，是柴灣一帶僅存的古村屋，現為民俗館，原居民是客家人。

◀我到民俗館參觀時，開放時間尚未到，當地一對夫妻也跟我一樣正等著開門參觀。

羅姓的始祖，是上古時期的祝融氏。中國南方民間時常有「羅衣秀才」這句話，表示超出常情的怪事。羅衣秀才，相傳是羅隱秀才的諧音。羅隱，唐末五代著名詩人，他滿腹經綸而性傲多諷，「採得百花成蜜後，為誰辛苦為誰甜」、「今朝有酒今朝醉，明日愁來明日愁」即是他膾炙人口的詩。

俗語有說：「先敬羅衣後敬人」，此羅衣與羅隱秀才有關嗎？有待專家、耆老來指點嘍！

◀ 羅屋民俗館內除介紹柴灣、羅屋的歷史和特色，屋內有復原村屋面貌的陳設，如傢俬、農具、日用品等展示。

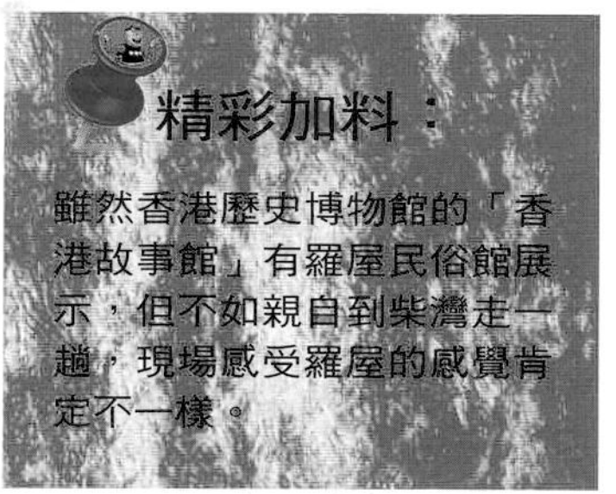

精彩加料：

雖然香港歷史博物館的「香港故事館」有羅屋民俗館展示，但不如親自到柴灣走一趟，現場感受羅屋的感覺肯定不一樣。

老夫子帶路：

港鐵柴灣站B出口沿指示步行約5分鐘。

Givenchy

福德古廟
福壽無疆
四天王
福德古廟
廟貌萬民香火展明禋
福德古廟

鬧市見古廟
心誠福自來

走在九龍尖沙咀海防道，很難不發現這鬧市的街道上居然有「福德古廟」，而且還供奉四大天王？哪四個大明星呢？福德古廟供奉四大天王？別鬧了，是「四天天王」啦！

佛教有説六重，即“六欲天”，第一重叫“四天天王”，指東西南北方位的四大天王，"東方持國天王"、"南方增長天王"、"北方多聞天王"與"西方廣目天王"。他們在民間信仰有護佑國家風調雨順、國泰民安的功用。

根據古廟重建的碑記中得知，原來此「福德古廟」祀奉土地伯公，又稱土地廟的福德古廟，於光緒庚子年曾重修一次。1978年政府因建設新街市面臨被拆的命運，後來善男信女推舉熱心社會服務的馬松深、謝錫奎等人出面爭取，此古廟才從附近遷移過來，保存了原來的牌樓。

▼ 光緒二十六年(1900年)重建時立的「保我平安」匾。

別小看此小小的土地廟，它

可是尖沙咀發展中唯一被保留的廟宇，舊時九龍原屬廣東寶安縣官富鎮(寶安縣後也改為東莞縣)，今古廟尚保存光緒庚子重建的「保我平安」木匾及神像，古趣盎然。

處於尖沙咀鬧市的福德古廟，香火依然鼎盛，也仍是信徒消災、解厄，心靈的歸依之所。有誠則靈，正是「日日是好日，處處是好地」。

▶福德古廟今依然香火鼎盛。

精彩加料：

古廟靈籤極具民俗特色，順手捻來靈籤第20首：「平地可跑馬、順水可行舟；龍蛇有變化，水活變成龍」與第14首「雖然是太平、人閒心不閒；停停正是福、老少可安寧」，是不是很有趣的民俗籤？

老夫子帶路：

港鐵尖沙咀站A1出口，沿海防道右轉進入。

Gucci

打開舊銀行大門
探知香港文物

為了尋找一扇門，它不是大宅門，但肯定與大宅門有得比，那就是舊(1935年)香港中環匯豐銀行總行的大門，位於尖沙咀九龍公園的「S61」及「S62」舊軍營，沒錯，這兒已掛上「香港文物探知館」了。

原來1910年建的威菲路軍營的一部分，現已化身為「香港文物探知館」，進正門入口處的一對大銅門，正是1935年匯豐銀行中環總行的大門。可別小看此銅門，它可是多次易手、拆卸、重建，在有心人維護下，此對重約三噸的銅門，才能在此風華再現，不但裝飾了探知館的門面，也成了鎮館的文化寶物呢。

當然，入寶山又怎能空手而回？當時展覽廳在展出「香港的遠古文化——西貢沙下考古發現」，什麼是「石網墜」、「石杵」、「雙肩石錛」、「菱格紋硬陶罐」？來不及看展覽的人，以及想知道「香港文物探知館」近期展覽，請瀏覽網站

http://www.lcsd.gov.hk/ce/Museum/Monument/b5/discovery_center.php

▲1935年匯豐銀行中環總行的大門，在有心人維護下，重約三噸的銅門，在此風華再現！

精彩加料：

香港文物探知館是充滿維多利亞特色的兩層建築物，建築物四周林蔭蔽天，夜間在燈光的襯托下，更有不同的情調。

老夫子帶路：

港鐵尖沙咀站A1出口，沿海防道右轉進入九龍公園。香港文物探知館位於公園的鳥湖旁邊。

九龍土瓜灣 石碑話南宋

「無意苦爭春，一任群芳妒。零落成泥碾作塵，只有香如故。」這是南宋陸游卜算子「詠梅」的後兩句，描述梅花在困境中，獨自承受淒涼悲愁的景況，仍無悔的在冷峻的困境裡綻放如昔。在歷史洪流中，湧現的傳奇人物，造就了許多不朽的靈魂和可歌可泣的事蹟。

「風簷展書讀，古道照顏色。」（宋文天祥正氣歌）可知道南宋末年的歷史與香港息息相關，也牽引著一些流傳於民間的故事…

經過九龍馬頭圍馬頭涌道(舊啟德機場處)鄰近土瓜灣消防局、聖三一教堂時，在路邊有一塊石碑—「宋王臺」，非常引人注目！沒錯，這方碑文與南宋有關，很多香港人都知道此碑是紀念南宋兩位幼主趙(景炎1276-1278)與趙昺(祥興1278-1279)。

話說南宋（1127年-1279年）末年，宋端宗趙　等人逃難至香港地區，兩位小皇帝宋端宗趙　和幼主趙昺被元朝軍隊逼迫逃到香港，據說曾在九龍土瓜灣一塊大石頭上休息，就是後人稱的「宋王臺」。

◀ 九龍宋王臺遺址碑記與宋王臺碑。

精彩加料：

荃灣光板田村附近的「曹公潭」，據說是1277年九月至十一月南宋兩位幼主帝與帝昺走難時，當中有一名護主的曹姓大臣，在橫過曹公潭時不慎滑倒溺斃，後人為了紀念他，便將該潭命名為「曹公潭」，今為度假營戶外康樂中心。

老夫子帶路：

5、5A、11、11X、26、28、75X、85、85A、85B、93K等巴士，於香港保護兒童會下車，步行三分鐘可至。

※多謝老夫子扮演團鄺民龍團長提供照片。

▲ 新界歷史最悠久的客家村之一，因建荃灣地鐵站村民遷出後修建成博物館。下圖為三棟屋前的伯公神位。

伯公來保庇
三棟屋展客家情

到荃灣「三棟屋博物館」，尚未進入陳氏宗祠前先入眼簾的即是鬱鬱蔥蔥高大榕樹，與前方的伯公神位后土，在伯公神位兩旁對聯寫著：作一圍保障 祐四必平安，正說明此三棟屋主人是客家人。

在客家人的社會，「伯公」是對親屬或長輩的尊稱，也可用在祖先的通稱或轉用到其他神明身上，這是客家人延續漢族的傳統信仰文化；作一圍指的是早期居民為求自保，開始建矮牆自保；祐四必是保祐四必堂陳家一族。

▼ 由宗祠、中廳和下廳三部份組成的三棟屋，內有參觀動線圖。

三棟屋是典型的客家圍村，於1786年由陳姓客家人建立，根據陳四必堂族譜稱，陳氏家族最初定居於福建省汀州府寧化縣，後有部分族人遷入廣東龍川，十八世紀中期陳任盛再從廣東移居香港淺灣（即今荃灣)，後得四子之助，選得今三棟屋現址籌建村，於乾隆五十一年(西元1786年)入伙，作為奉祀祖先及習禮學書的地方。

▲三棟屋博物館內的「荃灣今昔」可以看到許多珍貴的照片。

三棟屋的位置，西迎汲水門、背靠小山丘，在荃灣未填海之前每逢太陽西下，可以望見海面上波光粼粼，山與海交織成的景致，美不勝收，陳氏宗祠進門的一幅對聯「帽山舒鳳彩，灣海獻龍文」足以說明。但滄海桑田，自政府於1960年代開始發展荃灣為新市鎮，大規模的填海後，隨著西鐵荃灣站的通車，市容大變，荃灣從簡樸的農村，成了一個多元化的社區，一棟棟的高樓大廈取代了原來簡陋的木屋與客家的村屋民居。

三棟屋的陳家後代自1980年陸續遷出，1981年三棟屋被列為法定古蹟，重修後改為博物館，1987年正式開放並免費參觀。三棟屋未整修前是怎麼樣面貌？有興趣者，在後棟「荃灣今昔」館中即有1959年(劉尚一拍攝)與1985年的舊照片，可見三棟屋昔日的風采。

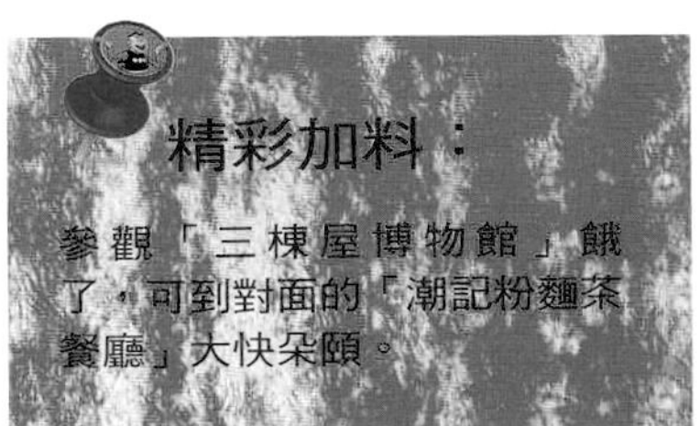

老夫子帶路：

從港鐵荃灣站E出口，按路牌指示步行5至10分鐘。

▲ 荃灣天后宮又稱蕙荃路天后宮，即古稱的荃灣廟崗天后宮。

荃灣天后宮
專人解靈籤

香港是個非常特別的城市，處處可以看到在一個熱鬧非凡的現代商場，只要走幾步路又可看到很傳統、香火鼎盛的廟宇，荃灣的天后廟正是其中之一。

位於石圍之南的荃灣天后宮，在綠楊新村旁，附近即是地鐵荃灣站的購物城中心，此廟雖然翻修多次，

▼ 天后宮保留了許多有價值的古物，如門額「天后宮」三字是道光二十六年重建時立，右圖是光緒庚子弟(1900年)的陶塑。

但始建於清康熙年間(約西元1721年-1722年)，因此廟內保存有不少古物、道光、光緒年的古匾、古碑、剪粘，如信士黎卿上敬送的乾隆八年(西元1743年)銅鐘，最特別的此廟偏殿設有義勇祠，是供奉清同治年間城門八鄉村與荃灣村民發生械鬥，地方青年挺身而出捍衛鄉土殉義者的神位。

對研究民俗有興趣者，此廟有專人解靈籤；而想看免費粵劇者，只要選對日子來此，即可觀賞幾齣免費的粵劇呢。因此廟每年農曆三月廿三日天后誕時，便在天后宮後運動場地，搭建臨時戲棚，公演粵劇酬神賀誕儀式並娛樂眾坊。

信徒所拜的天后，即是來自宋代生於福建的林默娘，據說她出生時，家中香氣四溢，至滿月都沒有啼哭過，故取名默娘。天后宮有稱天妃宮，天后祠、天后寺、媽祖廟、或聖母廟等，媽祖的信仰常見於中

◀荃灣天后宮雖歷經多次重修，但廟內保存了不少古物。

國大陸沿海各地，因此香港、澳門、台灣、東南亞等地有很多天后廟，信徒認為媽祖可保航海順利，是航海的守護神。

有趣的是，當您參觀天后宮、廟時，會發現，幾乎每所天后宮、廟的正門都是朝向海的。

老夫子帶路：港鐵荃灣站 C 出口

精彩加料：

位於荃灣綠楊新村的天后廟，於 17 至 18 世紀清朝康熙年間建成，古稱「廟崗天后宮」。目前香火很盛的荃灣天后廟，由荃灣鄉事委員會負責，參訪當天遇到客家同鄉邱觀有先生，多謝他熱心提供資料。

香港路名
道道有學問

相信嗎？從廣東到上海，走路不消幾分鐘就可到！如沿著荔枝角到洗衣街，染布房街，買個西洋菜或通菜，再到花園街買球鞋，也是花半天就可辦到喔。沒錯，從廣東道到花園街，其實，以上道或街，都是旺角的街名，是不是很有趣？！

注意到沒？「香港會議展覽中心」就在灣仔會議道上，而灣仔附近的菲林明道、杜老誌道、軒尼詩道、莊士敦道、洛克道、盧押道、柯布連道、譚臣道，分明就是英文翻譯成中文的人名，而且這些街道和英國人統治香港時期都有關，且看：

菲林明道(Fleming Road)：位於香港灣仔，菲林明道的名字是以香港在英國人統治時的輔政司法蘭西司・菲林明(Francis Fleming)命名的。

杜老誌道(Tonnochy Road)：是灣仔第一期填海工程完成後，1928年以布政司杜老誌命名。

軒尼詩道(Hennessy Road)：是以第八任總督軒尼詩爵士(Sir John Pope Hennessy1877-1882)命名的。

▶上圖，駱克道港殖民地時期輔政司的中文名，全名為James Haldane Stewart-Lockhart。
中圖，菲林明道是以香港殖民地時期輔政司法蘭西司（Francis Fleming）命名的。

▶下圖盧押道以是香港殖民地時期軍隊指揮官盧押(Luard)命名的。

莊士敦道(Johnston Road)：原名海旁東（Praya East），灣仔填海工程後以英國官員莊士敦命名。

駱克道(Lockhart Road)：是1898年香港的輔政司，全名為James Haldane Stewart-Lockhart。

盧押道(Luard Road)：是以軍隊指揮官盧押(Luard)命名，盧押是香港殖民地時期軍隊指揮官。

柯布連道(O'Brien Rd)：是以布政司柯布連命名的道路。

譚臣道(Thomson Road)：街名源自英國統治香港時的庫政司譚臣(Alexander Macdonald Thomson)。

▲ 從香港會議展覽中心望出，對面是九龍半島的尖沙咀。

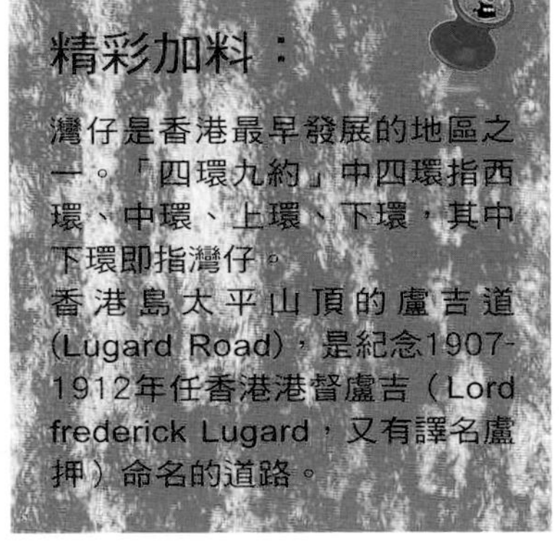

精彩加料：

灣仔是香港最早發展的地區之一。「四環九約」中四環指西環、中環、上環、下環，其中下環即指灣仔。

香港島太平山頂的盧吉道(Lugard Road)，是紀念1907-1912年任香港港督盧吉（Lord frederick Lugard，又有譯名盧押）命名的道路。

老夫子帶路：港鐵 港島線 灣仔站
巴士與灣仔碼頭

「茶具文物館」找茶趣

千里不同風，百里不同俗，但說起喝茶，在中國可謂歷史悠久，喝茶幾乎可以說為「國飲」，對茶有興趣者，到了香港，「茶具文物館」千萬不能錯過！

在紅棉路上香港公園裡的「茶具文物館」，可是國際上第一間以茶具為專題的博物館，館內基本藏品都由羅桂

▲羅桂祥茶藝館，除了展覽以外，茶具文物館亦定期舉辦茶藝活動及講座等節目。

▶ 茶具文物館是香港現存歷史最悠久的西式建築，原為舊三軍司令官邸，屬希臘古典復興式風格，設計簡潔，具英國殖民地色彩。

祥博士(1910-1995)所捐贈，羅桂祥是香港知名收藏家，他的收藏品中，以大陸宜興紫砂陶為首屈一指，不但有歷史且品種豐富，為宜興紫砂陶及中國茶文化的傳播起了重要作用。

進入「茶具文物館」前，建議您先欣賞它的建築主體，這座利用古老建築物重修的博物館，它的前身是旗杆屋或叫司令總部大樓，建於1844至46年間，為駐港英軍總司令官邸，身份顯赫的文物館，現在則經常舉辦中國茶藝示範、親子茶聚、樂韻茶聚、藝術講座等節目。

1995年，茶具文物館增建了新翼羅桂祥茶藝館，展出的全是由羅桂祥捐出的珍貴瓷器及印章精選收藏品。

老夫子帶路：

地址：香港中區紅棉路10號（香港公園內）
港鐵：金鐘站C1出口
「茶具文物館」免費入場
開放時間：
每日上午10:00至下午5:00
逢星期二及下列假期休館：
聖誕節及翌日
新曆新年及農曆年初一至初三
想要知道更多，請瀏覽此網站：
http://www.lcsd.gov.hk/CE/Museum/Arts/chinese/tea/intro/cintro.html

▲中環半山的手扶梯造就了交通的便利，也成了香港非常獨特的景點。

中環手扶梯
搭出香港況味

中環至半山的手扶梯，造就了香港非常獨特的景觀。此自動手扶梯全長800米，連接有蓋行人道和行人天橋；從德輔道中、皇后大道中、閣麟街、結志街、擺花街、荷李活道、些利街、摩羅廟交加街、羅便臣道，終點為干德道。

自動手扶梯沿途經有百年歷史的景點，如香港最古老的「些利街清真寺」、「孫中山紀念館」、「舊中區警署」；及特色餐廳的SoHo區(South of Hollywood Road)異國餐館林立；還有香港老字號鴛鴦奶茶的創始店「蘭芳園」就在結志街2號。

途中經過天橋「港鐵特惠站」時，別忘了刷一下八達通卡，「拍一拍即慳」省下兩塊港幣。走一趟半山的手扶梯，可看見香港早期的發展與現代建設的縮影，非常有趣！

精彩加料：

自動手扶梯雖免費使用，但每天下行方向運行時間是上午6時至10時，上行方向運行時間為上午10時20分至午夜。

老夫子帶路：

港鐵中環站或香港站、電車(恆生銀行總戰)或中區行人天橋系統。

▼住在友人半山華廈時，生活的小確幸就是出門有手扶梯搭乘，非常便利。

▲中區警署建築群前中區警署營房大樓。

中區警署建築群
文史旅遊好去處

從中環荷李活道沿著「中央警署診療所」路標指示往前走，就可看到香港極具殖民地色彩的宏偉建築物，包括1864年建的舊中區警署（舊稱中央警署或大館）、1913至1914年建的香港中央裁判司署及建於1841年的域多利監獄。上世紀法律及執法的所在地，組成了中區警署歷史建築群，現原址已成為香港的法定古蹟。

▼位於中環荷李活道的中區警署建築群，十分雄偉。

這群頗富維多利亞及愛德華時代建築特色兼東方色彩的文物徑，近年來香港發展局與賽馬會將此地區活化為當代藝術中心，提供展覽場地，舉辦各種藝術表演和文化活動，吸引不少遊客到此一遊。中區警署建築群，顯然已成為一個歷史文化旅遊的好去處。

精彩加料：

荷李活道（Hollywood Road），是香港開埠後興建的第一條街道。附近有許多食肆與酒巴，鄰近的摩羅街，則是著名的古董和懷舊物品集中地。

老夫子帶路：

中環站D2出口，經德己立街前往威靈頓街，約步行十來分鐘可到達，或走中環半山自動手扶梯至奧卑利街及荷李活道。

灣仔藍屋
逛唐樓建築思古情

從熱鬧的皇后大道中286-264路標望過去，轉角的石水渠街就是灣仔知名歷史建築——藍屋的所在地。

藍屋是香港少數保存下來有露台的四層中西混合風格的唐樓建築，目前尚有人居住，遊客可在一樓的「灣仔民間生活館」一探灣仔藍屋所保留下來的懷舊

▼1920年代興建的四層藍屋，是中式及西式建築風格的唐樓，屋內設有「灣仔民間生活館」

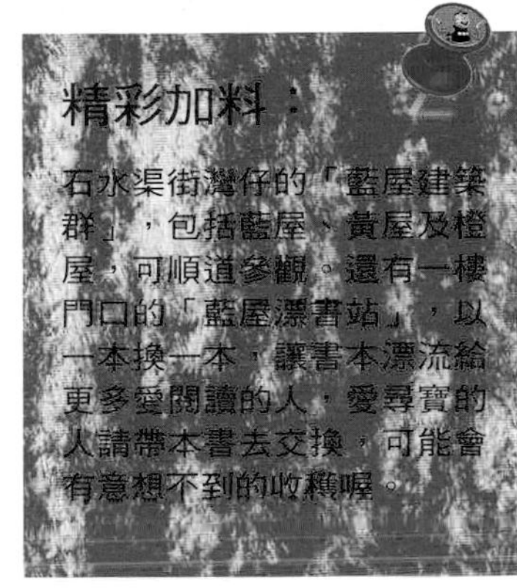

精彩加料：

石水渠街灣仔的「藍屋建築群」，包括藍屋、黃屋及橙屋，可順道參觀。還有一樓門口的「藍屋漂書站」，以一本換一本，讓書本漂流給更多愛閱讀的人，愛尋寶的人請帶本書去交換，可能會有意想不到的收穫喔。

▲藍屋門口有「藍屋漂書站」讓喜歡閱讀的人一本換一本，在此看到《老夫子漫畫》等待漂流的愛書人，非常有人情味！

物品。

站在藍屋前，可以感受到立體的人生，在斑駁漆黑通往各層的樓梯曾紀錄了此曾為醫院、廟宇(「華佗醫院」亦稱為「灣仔街坊醫院」，後為「神醫華陀」廟宇。)而現在是洪拳林鎮顯的醫館及一些老居民於此走過的悠久歲月，有說不出的情韻與生命力。

老夫子帶路：

從港鐵灣仔站A3出口，沿太原街到皇后大道東，再轉入石水渠街。

想賽馬
先到跑馬地轉轉

香港賽馬從什麼時候開始的？第一次舉行賽馬的地點又在那兒？據説，香港賽馬早在香港成為英國殖民地的初期，英國人就把賽馬運動帶到香港來了，所以最早的賽馬活動是在一百六十九年前，也就是西元1844年，地點是在當時稱為黃泥涌谷的跑馬地舉行。

到了西元1884年香港賽馬會成立，並在今快活谷馬場跑道旁建有看臺，每年只舉辦一次，為期數日，稱為周年大賽。不過當時參與賽事的的馬主及馬迷，多半是英國人或其他外籍人士，包括政府官員，洋行職員等，因而1904年，香港電車即有接駁至跑馬地了。然而，1918年舉行周年大賽時，跑馬地馬場失火，傷亡慘重。

香港被日本人佔領期期，一度曾更名為「青葉峽競馬場」的香港島灣仔的跑馬地，為什麼又有「快活谷」之稱呢？據説，英國軍在跑馬地設立軍營，因很多軍人於該處感染熱病身亡，並把他們埋葬在黃泥涌一帶，後來形成一處墳場區，英人就將它稱為「Happy Valley」，含有「極樂世界」的意思。

老夫子帶路：

A.港島線銅鑼灣站A出口，步行約15分鐘可到達

B.搭乘電車「跑馬地」線至跑馬地總站或搭乘計程車前往。

快活谷火災後擴建，並在1971年以後，香港賽馬轉為職業投注活動，今分別在沙田及快活谷的馬場舉辦約700場賽事，也成為本港觀光旅遊的景點之一，來到賽馬場的觀光客，莫不想試一試手氣哩。

賽馬有所謂的馬報，專門提供賽馬消息，如馬匹的狀態、賽馬的場次、騎師馬匹資料，還有大眾最關心的賠率以及一些馬評人提供的貼士等也就是「馬書」。

不過有趣的是，「馬書」讀音像「馬輸」，那賭馬還有什麼搞頭？一般賭博的人最忌諱了，所以就將「馬書」改叫「馬經」或者「馬報」了。

精彩加料：

20世紀初，跑馬地出現愉園遊樂場，故跑馬地又稱為愉園，後改建為養和醫院。

一向對賭沒有興趣的我，第一次到跑馬地馬場並非去賭馬，而是參加大導演徐克父親的大壽，陪著王澤父子來此喝壽酒。經過很久以後，我才知道在跑馬地「香港賽馬會」宴客是身份的表徵，因為這裡是會員制。

香港賽馬會網址：http://www.hkjc.com/chinese/index.asp

▲ 銅鑼灣的新會道與江門關係密切。

銅鑼灣新會道
江門代有才人出

多年前，隨著老夫子作者王澤簽書會到了廣東省南部的江門，才知道原來銅鑼灣的「白沙道」、「啟超道」與「新會道」與有「中國第一僑鄉」的江門，息息相關。

著名的僑鄉江門地區，又稱「五邑」、「四邑」，秦、漢時為番禺縣地，三國後為新會縣地。「新會」這兩個字一出現，聰明的讀者，你一定聯想到了，銅鑼灣「新會道」與江門的密切關係，就是從此開始了。

◀熙來攘往的人走在啟超道上，可想到飲冰室主人梁啟超？

別小看江門喔，廣義的江門包括台山、開平、恩平與鶴山四個市，它在歷史上可是大大有名，南宋末年小皇帝趙昺為逃難，曾住在此，後來元軍追到新會，陸秀夫寧死不屈，最終背著小皇帝趙昺跳海殉國。

原出生於廣東，後遷新會白沙鄉（今江門市郊）的陳獻章（1428—1500年），字公甫，號石齋，又號碧玉老人，世稱白沙先生，上承宋儒理學的影響，下開明儒心學的先河，在明代思想史上有承先啟後的作用，而銅鑼灣的「白沙道」也就是紀念這位以理學聞名的陳白沙；至於「啟超道」則是廣東新會，別署飲冰室主人的梁啟超，是戊戌變法領袖之一，也是中國

精彩加料：

新會道是利園山地區其中一條街道。當年整個利園山屬利希慎家族旗下，而利希慎(1879年－1928年)，籍貫廣東四邑新會，所以利園山上的街道均以利希慎家族或新會著名人物命名。

近代思想家、傑出的學者；還有國學大師陳垣(1880年－1971年)，也是廣東新會人。

江山代有才人出，今享譽中國海內外的粵劇藝術家鄺健廉即紅線女，廣東開平人；香港影壇的巨星劉德華（Andy Lau)，也是廣東省新會縣荷塘鎮雷步村人。由此可見，廣東新會人對香港持續的影響力。

老夫子帶路：

港鐵銅鑼灣站。
港島專綫小巴28線 以新會道為總站。

放輕鬆丟花生殼

有什麼公開場合，可以自由自在獨飲或與三五知己圍在一起吃喝一頓，釋放一整天下來的緊張壓力？當你累了一天，可以坐下來喝杯沁人心脾的啤酒，桌上帶殼的花生，任你享受，將剝好的花生往嘴裡送的同時，花生殼還可以任意棄於地上，不被指責、不會罰錢，甚至清潔工人也不會立刻來掃地，East End Brewery酒吧，就是有這樣讓客人心情放輕鬆的魔力。

◀ 累了一天，到酒吧吃吃喝喝，吃的花生殼還可任意丟棄地上，不被指責、不會罰錢，心情上是否感覺很放鬆？

▼銅鑼灣希慎道正是紀念利希慎而名。

位於銅鑼灣希慎道的East End Brewery酒吧，除了免費供應花生，客人可以邊吃花生，然後把花生殼掉在地上，另一項特色就是有多達50多種「啤酒」為出名，店裡當然除了啤酒，還提供如炸得香脆可口的薯條、生菜、披薩pizza、漢堡、墨式煎蝦等西式餐點，喜歡運動項目的客人，在此更是如魚得水，因為電視畫面就播著賽車或足球大賽等體育活

精彩加料：

白天到此，會以為走錯路，因希慎道白天與夜晚的光景很不同。

East End Brewery

地址：銅鑼灣希慎道10號新寧大廈地下（電話：2577-9119）

老夫子帶路：

港鐵銅鑼灣站 A出口。

動，氣氛很High。

主張隨性的East End Brewery酒吧有室內、室外還有吧台，晚間這兒通常座無虛席，而且煙霧瀰漫。因此，不喝酒，不抽煙的朋友，最好不要誤闖，夜間要享受歡樂時光，香港的夜景很美，不然附近利園一帶可逛可食的地方也很多。

希慎道與利園、利舞台、利園山道，可說關係緊密，希慎道是紀念利希慎而名，利希慎(1879年-1928年)名輯世，字廷羨，廣東開平人，正是香港著名利氏家族的創始人。富商利希慎於1928年在中環街頭被暗殺，驚動一時，至今仍為懸案。廣東五邑人新會、開平、新寧(台山)、恩平、鶴山，對香港影響甚大，在銅鑼灣與五邑人有關的街道，如開平道、新寧道、新會道、恩平道，尚有白沙道、啟超道等。

▶ 大牌檔炒米粉，以自製醬汁提味，香噴噴。

▼ 下圖是王澤畫製的「香港大牌檔」卡片，此店開幕時贈與客人，很有珍藏價值。

復古大排檔
懷念老時光

「魚蛋粉兩碗！牛什麵兩碗！」老夫子在大排檔伸出兩隻手指頭跟伙計點餐；而坐在矮桌子前的老夫子，一隻腳踩在地上，可另一隻腿卻翹在椅子上，這樣圍坐在檯凳經典的畫面，讓許多上了年紀的人，懷念起往日在大排檔大啖特色風味餐飲的美好時光。

大排檔在香港盛行於一九五〇年代，當年很多在路邊隨意搭起來的小吃攤(檔)很受歡迎。除了炒粉麵飯、魚蛋粉麵、白粥油條等中式有小菜；西式的有多士、三文治、香濃的港式咖啡，鴛鴦及絲襪奶茶，及紅豆沙、芝麻糊等中式甜品都是它們的招牌飲料，日後也漸漸成為了香港著名的特色飲料。

雖然，大排檔的價格便宜，食物選擇又多，尤其大排檔現做的煮食爐火較猛，鑊氣夠食物惹味而大受庶民的喜愛，然而光顧帆

◀ 從左至右為博美(BMA)行政總裁崔永昌、王澤、邱秀堂。我手上拿的「香港大牌檔」是王澤親筆繪的老夫子、大番薯、陳小姐等在「吃在大牌檔」的漫畫。

布蓬搭建的大排檔，坐在街邊或巷內露天的熟食檔口，沒有冷氣，衛生環境也較差，因此隨著時代發展，大排檔已逐漸消失。

幾年前，一間勾起港人集體生活回憶的「香港大牌檔」餐廳，在銅鑼灣隆重開幕後，立即吸引了許多食客的光顧。打造成懷舊復古品味的「香港大牌檔」，雖然叫「大牌檔」，卻是不折不扣的餐廳。此餐廳有現代精緻料理的美食，與乾淨的用餐環環，及親切的服務態度，但餐飲特色也傳承了昔日大牌檔的古味。

昔日老夫子約陳小姐在巷內的「大牌檔」約會用餐，讓陳小姐「大失所望」；今日請朋友在「香港大牌檔」餐廳用餐，肯定不會寒酸，不信？！在此大牌檔用餐時會發現，王澤時下畫的「香港大牌檔」漫畫，老夫子、 陳小姐、大番薯吃得開心至極，連老趙與表妹也都在座呢！

▼ 鹹魚雞粒豆腐煲，味美下飯。

精彩加料：

香港大牌檔的名字，是早期香港政府發給大牌檔經營的牌照，比當時發給一般小販的為大的牌照可熱炒與賣飯，並需懸掛在顯眼地方，亦稱大排檔。

赤柱美利樓
美麗如昔

到赤柱，會想到什麼？香港的舊八景之一「赤柱朝暉」？還是藝人鄧麗君的舊居？或是海盜張保仔出沒的「賊柱」？亦或是紅色的柱子與木棉花？

赤柱，從前又名「賊柱」；還有說本地出了科舉壯元郎，鄉民立起紅竿祝賀；也有說本地種有木棉樹，每當木棉花盛開時，就有如一座赤紅的木柱，所以村民便以赤柱命名。至於赤柱的英文名稱(Stanley)，根據資料得知是紀念十九世紀英國大臣史丹利勳爵(Lord Stanley)而來的，從名字的來源，看來來頭真不小呢！

◀ 此美利樓是從香港島遷移赤柱的維多利亞建築物。

精彩加料：

香港舊八景有稱赤柱朝曦、旗山星火、仙橋霧鎖、鵝澗榕陰、鴨洲帆影、扶林飛瀑、浪灣海浴。

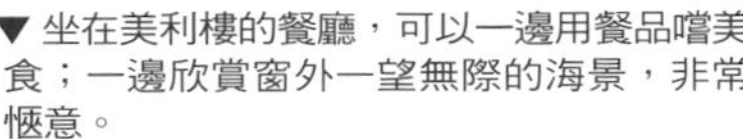

▼坐在美利樓的餐廳，可以一邊用餐品嚐美食；一邊欣賞窗外一望無際的海景，非常愜意。
右上圖「同昌大押」石柱，是油麻地上海街拆卸下搬來此的。

赤柱現在更是中外馳名的旅遊勝地，集中西文化、歷史古蹟、陽光海灘於一隅。到赤柱廣場，有購物中心、美利樓與戶外表演場地的閑情坊。而最能吸引遊客的應該是能夠邊看、邊玩、邊吃與邊喝，那美利樓就是首選了。

位在赤柱海灣畔的美利樓建於1846年，先前坐落於金鐘花園道(即今中銀大廈現址)，是駐港英軍的宿舍，為香港少數僅存的古歐陸式建築物之一，1982年拆卸時，港府將其三千多件花崗岩編上號碼，於1998年重現於此地。

沿著天后廟來到美利樓，一旁矗立了刻有「同昌大押」的石柱，算一算，共16根，甚是壯觀！此石柱也是有來頭的，是由油麻地上海街拆卸移至此，也讓美利樓更增添了幾許懷舊的氣氛。

◀樓高三層的美利樓，主要以巨型花崗岩建成，建築風格融合了東、西方建築特色。

▲1883年建的香港天文台總部，已被指定為香港法定古蹟。

天有不測風雲
地有香港天文台

生活在現代的人，非常依賴氣象報告，尤其要到不同國度的旅者，更關心下一站的天氣如何？要添冬衣或要穿薄的衣服？在老夫子漫畫中，有一則「不測風雲」與「推卸責任」的漫畫，很逗趣，多少可以了解氣象發佈對我們小民的重要性。

平常我們看氣象報告，對於許多常見的氣象報告如熱帶氣旋、寒流、大陸冷氣團鋒面、懸掛風球信號等等用語耳熟能詳，如果想多了解氣象天文，可到本港天文台瀏覽http://www.hko.gov.hk/wxinfo/currwx/currentc.htm

說到坐落於九龍尖沙咀一小山丘上的香港天文台，它建於1883年，1912年原名為皇家香港天文台，至1997年，復稱為「香港天文台」。此樓高兩層的天文台，是一殖民地式建築，拱形窗和長廊別具特色，今已被指定為法定古蹟。

▲ 參觀門禁森嚴的「香港天文台」需要先上網登記，辦公室則在附近的美麗大廈，內有許多關於天文台的資料。

平日門禁森嚴的「香港天文台」，為了慶祝天文台慶，從2003年每年3月15-16日以及3月23日慶祝世界氣象日，天文台都開放參觀，有興趣的讀者可要把握上網登記。

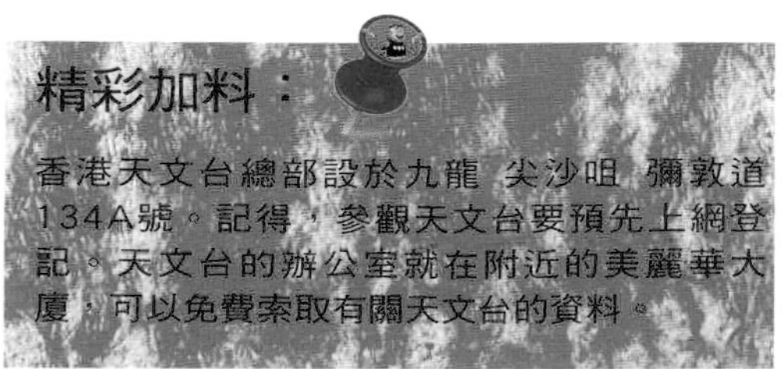

精彩加料：

香港天文台總部設於九龍 尖沙咀 彌敦道134A號。記得，參觀天文台要預先上網登記。天文台的辦公室就在附近的美麗華大廈，可以免費索取有關天文台的資料。

老夫子帶路：

港鐵荃灣線尖沙咀站。

何東先生義舉
九龍古建築散發光芒

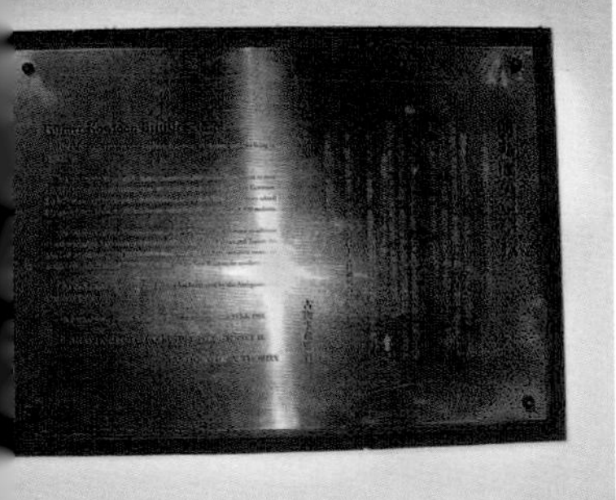

▲1900年何東爵士，捐贈資助香港政府興建此九龍英童學校立的石基。
下圖銅白碑說明前九龍英童學校的歷史沿革。

九龍尖沙咀彌敦道上，有一棟典型維多利亞時代的建築物非常醒目，不知道走在熙熙攘攘人群中的您有沒有發現？

位於九龍尖沙咀彌敦道136號的前九龍英童學校，右側有聖安德烈堂，對面就是栢麗大道，是購物逛街的好地方，要買本港或歐洲名牌服飾，這條街上都有。

九龍英童學校（Kowloon British School）前身是九龍書院（Kowloon College），學生主要是居港英國人子女。但後來學校遷到何文田天光道，並於1948年改名為英皇佐治五世學校。九龍英童學校，現已被列為香港法定古蹟，是香港現存最古老的英童學校建築，今已改成為古物古蹟辦事處的辦公室。

此1900年建的九龍英童學校，是由何東爵士資助港府，由當時的港督卜力奠基而建，何東（1862-1956年），又名何啟東，字曉生，出生於香港，父親何仕文是英國人，母親施氏係廣東寶安縣人，何東

▲前九龍英童學校是香港現存最古舊的英童學校建築，目前是古物古蹟辦事處辦公地方。

◀ 前九龍英童學校右側有聖安德烈堂，對面的栢麗大道，是購物逛街的好地方。

家世顯赫，可是香港殖民時期第一個獲准居住太平山山頂的華人，生前遊走於政商，人稱香港「第一代首富」一點都不為過。

今澳門的何東圖書館(Biblioteca Sir Robert Ho Tung)，集歷史、文化和建築藝術於一體的園林式圖書館，也是何東爵士病逝，後人根據他生前遺囑贈予政府的。

精彩加料：

蕭伯納曾說：「人生不是一支短短的蠟燭，而是我們暫時拿著的火炬，我們一定要把它燃得十分光明燦爛，然後交給下一代人們。」何東與蕭伯納曾在香港相聚並合影，以蕭伯納這句話來形容何東的義舉，再恰當也不過了。

老夫子帶路：

從港鐵尖沙咀站B1出口，右轉沿彌敦道向佐敦方向步行約5分鐘。

◀ 此造型非常cool的老夫子沙發椅，全世界只有兩把，一在尖沙咀帝樂文娜公館，另一把在台北老夫子辦公室。

精品旅店多驚喜
老夫子造型椅cool

香港只要有展覽或活動，旅館也是一床難求、且漲得離譜。而這幾年，香港出現許多「小」酒店，也就是以「小兒美」見稱，在設計上走的是時尚、奢華、奇幻並且強調超細膩、貼心的精品酒店，來吸引客人。如中環的「蘭桂坊酒店」強調時尚的東方風情，在灣仔還有專為女性打造的簡潔、優雅的「芬名酒店」等。

法國名設計師菲利浦・史塔克（ Philippe Starck)在

▼王澤坐在老夫子沙發椅，接受記者訪問時的神情。

老夫子帶路：

蒂樂文娜公館地址：香港九龍尖沙咀金巴利道39號 http://www.theluxemanor.com/cmain.html
港鐵尖沙咀站出口B2沿彌敦道北行，再東轉金巴利道。

精彩加料：

「帝樂文娜公館」幕後領導潮流精品酒店的老闆，正是談吐不俗，溫文儒雅的Marcus Lee，他是香港利氏家族第三代。

旅館後方小巷弄的諾士佛臺有許多特色餐廳與酒吧。

亞洲設計的第一家酒店—「JIA」精品旅館，我曾於2004年去住了兩晚，小房間裡五臟俱全，大廳面積雖不大，但大師富有創意的椅子，十分賞心悅目。

如果要看特別的椅子，那就是尖沙咀「帝樂文娜公館」精品旅館，進入櫃檯，有點神秘、典雅的大廳前，擺了三張造型與顏色不一的椅子，有一張好cool的老夫子造型椅！

「帝樂文娜公館」酒店內從餐廳的裝潢到房間的設計，處處都可看到名設計師David Buffery 獨特的風格。它被英國旅遊雜誌「Conde Nast Traveler」每年定期公布的年度Hot List中，從全球數百家新飯店挑出最值得注意的65家旅館，評審團認為，以「超現實主義」為整體設計概念，提供住客超現實的住宿體驗。

◀ 旺角新舊樓宇林立，而且每條街都非常有特色。

九龍旺角不夜天
眼花撩亂最嚐鮮

旺角，位於九龍之西，是十分繁榮、人潮擁擠的地區，尤以「女人街」與「男人街」而聞名。售賣女性廉價衣服和飾物著名的「女人街」，位於亞皆老街與登打士街之間的通菜街；被稱為「男人街」的廟街(取名於附近的天后廟)，因為貨攤出售男士用品居多而名。

夜間廟街成了燈火通明的熱鬧夜市，其中油麻地段聚集了不少職業棋手，和許多相士、算命占卜攤，還有街頭戲曲的表演，遊客可以見識到最道地的香港夜生活，旺角，可以說是九龍的「不夜天」。

除此，旺角的小吃與流行時尚貨品的商場，最是吸引觀光客。女性遊客愛西洋菜街(南)的化妝品店與旺角彌敦道珠寶林立的金飾店，不買也值得逛一逛！

對年輕人而言，有玩具模型街之稱的旺角廣華街一帶，還有電子影音連鎖店，則一定要去敗金的啦！自認是「潮人」的，旺角花園街(南)的專門販賣運動鞋店，與旺角先達廣場的手機中心還有旺角信和中心，肯定是要去朝聖的。

喜歡花鳥的遊客看過來，香港最大的花市一花墟，就在旺角，花墟範圍包括花墟道、園圃街、太子道西和園藝街一帶，走在花墟，鮮花芳香襲人吶；位於界限街、基堤道、和太子道西和雀鳥花園，愛鳥的人，有各式各樣的鳥兒，包你大開眼界！而酷愛國際時尚品牌者，朗豪坊購物中心，當然不能錯過！

旺角對我來說，街道名稱與街頭巷尾的景物，則是我最感好奇的。昔日望角(Mongkok)，就是即今日的旺角。其實，旺角古稱「芒角」，原來此地區是濱海荒蕪之地，據說因為該處地勢像一隻牛角伸入海裏，故被稱為「芒角咀」，現在旺角仍有「芒角村」的地名，位於今日的洗衣街附近。

早期居民都以種花種菜為生，尤以種植西洋菜和通菜聞名。因此有「花園街」，「西洋菜街」及「通菜街」的街名。旺角還有得逛，且地名掌故，非常有趣！

精彩加料：

根據《新安縣志》記載，芒角村以客家村民為主，芒角村位於今日的弼街與通菜街、西洋菜街、花園街附近，村民以種菜(以西洋菜及通菜為主)、種花、養豬和養雞維生。
建議到花墟的遊客，最好在大清早或黃昏時刻，好整以暇欣賞來自世界各地的鮮花和盆栽。

◀ 旺角的魅力就是買東西、吃東西。

老夫子帶路：

港鐵：觀塘線及荃灣線：太子站、旺角站。
東鐵線：旺角東站
巴士：九巴、新巴、城巴、過海隧道巴士、跨境巴士、通宵巴士
綠色專線小巴。

遊泥涌郊野公園
心曠神怡

喜愛親近大自然探訪生態旅遊的讀者看過來！位於西貢烏溪沙西沙公路的泥涌郊野公園，是遠離塵囂的郊遊遠足好去處。

泥涌郊野公園有幽曲的小徑，一片長滿紅樹林的寬廣濕地，在這片泥灘可觀賞岩石上的生物及小溪的游魚，如彈塗魚，還可以放風箏。倘佯在此公園望著遼闊的海面與遠方的漁船，偶爾抬頭看天上的飛鳥，都讓人覺得心曠神怡，不虛此行。

▲西貢烏溪沙的泥涌郊遊公園是摸蜆、放風箏，觀賞生態旅遊的好去處。

精彩加料：

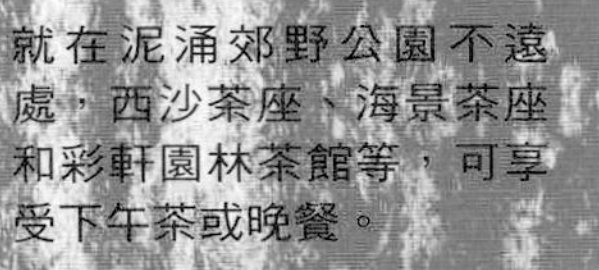

就在泥涌郊野公園不遠處，西沙茶座、海景茶座和彩軒園林茶館等，可享受下午茶或晚餐。

老夫子帶路：

巴士可在新城市廣場乘 299，在泥涌下車，或 99 號西貢頭到泥涌。

▼西貢泥涌村因有泥涌郊遊公園，因此西沙路上有一字排開的特色茶座。

西貢泥涌村
喝茶忘憂愁

每逢周末及假日，西貢泥涌村成了旅遊、拍拖的熱門景點，西沙路上一字排開的特色茶座，如西沙茶座、歡樂茶寮、芭蕉創意、海景茶座和彩軒園林茶館等，吸引了無數攜家帶眷的食客，露天的茶座更是情侶聊天喝茶的好地方。

早期稱為泥涌路的西沙路（Sai Sha Road），是一條來往香港新界西貢及沙田區馬鞍山的主要道路，東起西貢大網仔路麥邊迴旋處。其時，泥涌這個地方，不只有特色茶座，其濕地景觀，大自然的山水更是令人激賞、讚嘆！

到了西沙路上除了品嚐此地特色茶座的餐飲，千萬不要錯過對面石灘上的溼地與郊野公園。泥灘上長滿了紅樹林，海灘邊爬滿了一些貝類的生物，這裡可以看海、可以觀山、可以放風箏、玩紙鳶，更是觀賞動植物生態的好地方！

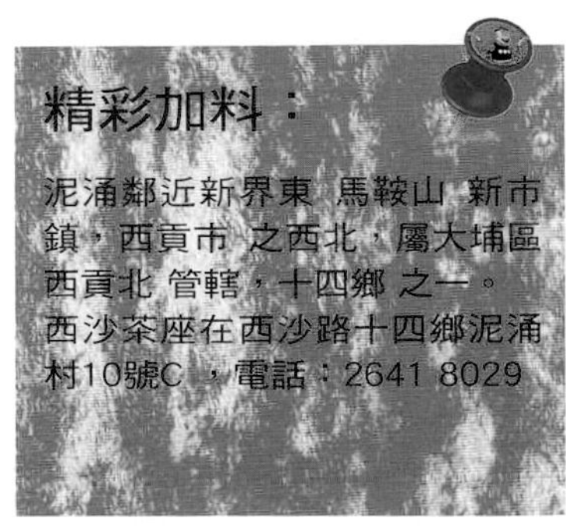

▲在西貢泥涌村的風味茶座，是適合與友人聊天喝茶的好地方。

看著遠處的風箏，隨風載浮載沉；連接郊野公園的溪水潺潺，溪底清晰可見小魚躍動。來此一趟，包你身心舒暢，忘掉一切煩惱。

精彩加料：

泥涌鄰近新界東 馬鞍山 新市鎮，西貢市 之西北，屬大埔區 西貢北 管轄，十四鄉 之一。西沙茶座在西沙路十四鄉泥涌村10號C ，電話：2641 8029

老夫子帶路：

前往泥涌開車較方便，如搭車或烏溪沙鐵路站至西貢後到沙田新城市廣場巴士站乘299號巴士，在「泥涌」站下車。

大浦滘 看白鷺
玩玩火車

香港的郊野公園不少，在郊野公園做森林浴，呼吸新鮮空氣，或跟小昆蟲、野花草説hello，到大埔滘看白鷺。Ya！

大埔滘在哪兒？舊名大埔的大埔滘坐落於新界吐露港的東北角，即吐露港公路跨越下林村河之處。

吐露港大埔滘村的「嘉里白鷺鷥湖互動中心」內有自然護理區，可觀植物、鳥類、蜻蜓及蝴蝶等，及「人類民俗館」及水上單車、划艇遊湖，離香港鬧區不遠的地方，有那麼一處清靜的地方，好嘢！

坐在仿十九世紀南歐建築風格的迴廊用餐，眼前就是小白鷺潟湖，湖中不時有小白鷺徜徉飛翔。在大自然氛圍中享受美食，的確令人心曠神怡，最奇特的景象是，遠處來來回回有往返於香港與內地的火車飛馳，讓人目不暇給，從火車的顏色來辨別車種，就這樣大伙兒居然玩起「猜火車」遊戲來了，挺有趣的！

老夫子帶路：

嘉里白鷺湖互動中心 新界 大埔滘 紅林路2號
沙田市中心(新城市廣場地下)巴士總站乘搭巴士72 號；第36站近翡翠花園落車沿林路直行到尾就到白鷺湖互動中心。

精彩加料：

路過中文大學時，不妨進校園逛逛。參觀崇基書院、新亞書院、聯合書院、逸夫書院與「田家炳樓」。

飛鵝山百花林
尋幽訪勝

某年夏天行經飛鵝山道，山巒疊嶂高峰緲緲，密林青翠綠意，空氣非常清新，令人意暢神舒，忍不住停下腳步駐足凝觀。

蜿蜒曲折的山徑，白雲悠悠青山含笑。突然，山頭出現一架倒置的飛機，心中不免震驚，待定睛一看，原來是模型滑翔機。遙望上空也有好幾架滑翔機在天空翱翔，慢慢飛過，此情此景，讓人迷離，忽然不知身在何處。

▲ 蜿蜒曲折的山徑，百花林是尋幽訪勝的好去處。

▲天空中有好幾架滑翔機在翱翔，在此山頭可飽覽整個九龍半島。

飛鵝山是九龍群山中最高的山峰，位於香港黃大仙區、觀塘區、西貢區和沙田區的交界，在此山頭遊客可飽覽整個九龍半島。

飛鵝山腰的「百花林」，是國父 孫中山 先生母親楊太君夫人的墓園。楊太君夫人生於清道光八年，宣統三年(西元1910年)病逝於香港後葬於飛鵝山。喜歡到郊野尋幽訪勝的讀者，不妨一探。

◀ 從飛鵝山腰的「百花林」可至國父孫中山先生母親楊太君夫人的墓園。

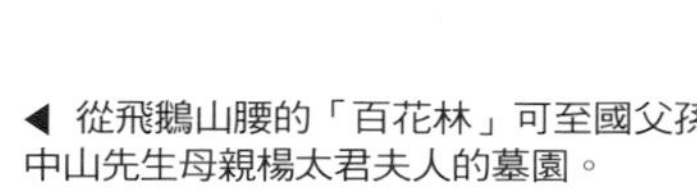

小巴 1 號，德福花園—西貢(飛鵝山道下車)；或駕車較方便。

精彩加料：

百花林為西貢古道的九龍區起點，西貢古道連接九龍牛池灣和西貢蠔涌，是舊時西貢村民進出九龍的道路。飛鵝山，是遠足、登山的好所在。

▲梅窩橫塘河所經的村落田野，處處好風光。

雨過橫塘正好遊
大嶼山好風光

「雨過橫塘水滿堤，亂山高下路東西，一番桃李花開盡，惟有青青草色齊。」這首《城南》是被譽為「唐宋八大家」之一的曾鞏（1019年－1083年）所寫，此處的橫塘指的是蘇州非常著名的一條古堤名。詩中描寫「遠處山青路明，視野遼闊。桃李花雖落盡，卻有漾著釉綠的嫩草，呈現出新陳代謝的生機。」以此來形容大嶼山梅窩橫塘河流經的村落田野，再恰當不過。

橫塘河中上游的溪流有熱帶林與紅樹林，極適合各種魚類繁殖、棲息的地方，如螺、蟹、彈塗魚、蝦、蛤等，堤岸邊還長滿金銀花、春花樹、咸水草，也吸引了不少雀鳥於河的兩岸聚居，橫塘河所流經之處是生態旅遊的好景點。

而橫塘河出海口近銀礦灣泳灘(如右上圖)的三角洲，常年都吸引無數遊客與親子在此耍樂遊玩。

老夫子帶路：

渡輪中環至梅窩巴士；嶼巴 a.. 1/N1號往大澳
b.. 2號往昂坪寶蓮寺
c..3M號往東涌市中心d..4號往塘福（每天上下午時段7至11班的固定班次）

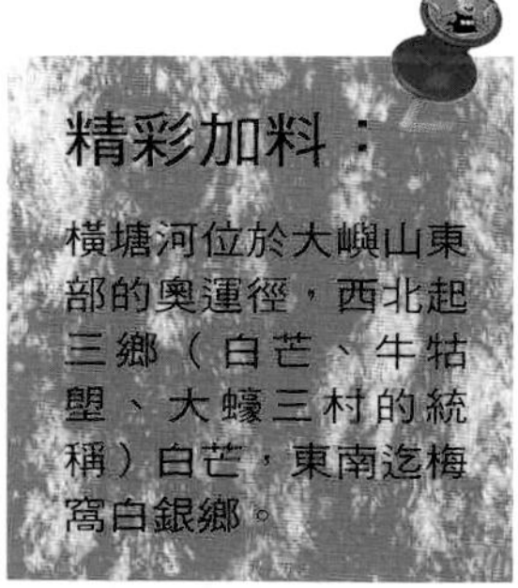

精彩加料：

橫塘河位於大嶼山東部的奧運徑，西北起三鄉（白芒、牛牯塱、大蠔三村的統稱）白芒，東南迄梅窩白銀鄉。

▶ 橫塘河的溪流所經之處，是觀賞生態動植物的好地方。

橫塘村歡迎您
WELCOME
渡輪碼頭
FERRY PIER
橫塘村、東坑尾
WANG TONG &
TUNG HANG MEI

◀ ▶ 屯門市廣場是新界西部最大的購物商場，遊客如織。

屯門市廣場
新界西部最大商場

屯門市廣場是香港的一個購物商場，『老夫子·「禧」戲五十年 』活動，曾在此1樓中央廣場熱鬧展出。初次來此「屯門市廣場」的香港人，也不免讚嘆此商場的繁榮，認為是目前新界西部最大型的購物商場，一點都不為過。

此屯門市廣場吸引人的地方是，商場引入許多潮流店與商品，其中有許多名錶、珠寶店，如勞力士等，還有國際品牌時裝店與國際著名的化粧品品牌來自歐洲、日本和東南亞都有。

商場內有超級市場及一個亞洲美食廣場外，並有多個大型酒樓、咖啡室和食肆，亦有世界風味的美食可供選擇，不但吸引附近的住民，亦甚受大陸遊客喜愛，可說是集吃喝完樂於一身的大型商場。

老夫子帶路：

從港鐵屯門站步行10分鐘，便可到達屯門市廣場。
輕鐵： 505、 507、614 、614P 、751
巴士：
專線小巴：40、42、44、44B、45、46或小巴52X、53 、58M等。

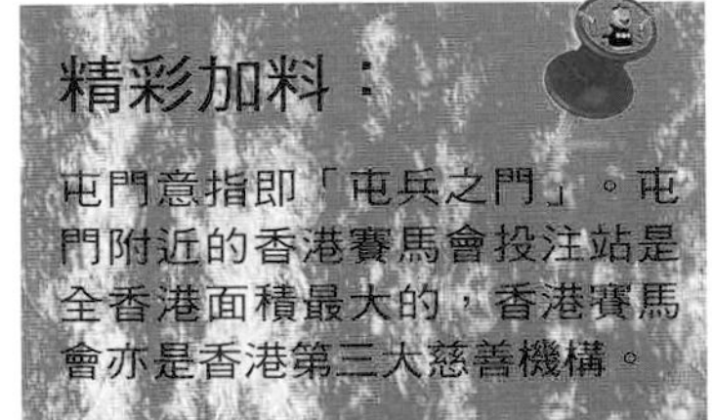

精彩加料：

屯門意指即「屯兵之門」。屯門附近的香港賽馬會投注站是全香港面積最大的，香港賽馬會亦是香港第三大慈善機構。

昂坪望明月
千里共嬋娟

「春江潮水連海平　海上明月共潮生
灩灩隨波千萬里　何處春江無月明」

這是唐朝詩人張若虛寫的『春江花月夜』前兩段，其整首詩是描寫春、江、花、月、夜，人生最動人的良辰美景。

有一年中秋在昂坪360上空，望眼過去東涌灣、伶仃洋連成平面，明月由海上浮起，有如與潮水一同湧出，月兒的光芒映照在海面上，隨著波浪，閃亮而耀眼…真個是人間美景吶。

海上升明月天涯共此時，在半空中我們與友人坐在水晶車裡賞月，小王澤說：感覺我們離月亮很近。我心中也不禁唸著：但願人長久，千里共嬋娟。

▲在昂坪360上空，欣賞大自然的美景。

老夫子帶路：

港鐵至東涌後搭接駁車。

▲搭昂坪水晶車，從腳下透視海面的一景一物，很有趣！

精彩加料：

昂坪市集的中式酒樓一「膳房」是潮州菜，味道很道地。倘不介意票價較高的話，建議搭乘水晶車。至於票價請參考此網站：
http://www.np360.com.hk/html/chi/front/index.asp

昂坪在新界大嶼山，介於北大嶼郊野公園與南大嶼郊野公園之間，周遭有彌勒山、獅子頭山和鳳凰坳。

吸引許多香港人和外地遊客的，不單是想嘗鮮搭乘空中纜車，香港知名的天壇大佛及寶蓮寺就在此，心經簡林也在附近的鳳凰山下。

當然，到了昂坪，參觀昂坪市集是一定要的，內有傳統中式酒樓、歐陸快餐及咖啡店、義大利雪糕店、與港式甜品，還有「靈猴影院」與「與佛同行」的多媒體節目播放。

搭昂坪360，很值得！不但可以在半空欣賞到大自然的美景，也能體會到科技人定勝天，克服自然交通阻礙的偉大工程。

大嶼山東涌炮台
如走小長城

▲ 爬上大嶼山東涌炮台彷彿走在小長城般，能讓人發思古之幽情。

在香港想看自然美景，走訪悠久歷史的村莊及炮台遺跡，到大嶼山的東涌炮台，可以看到三道拱形城門與城牆上的六尊炮台，而沿著炮台斑駁的石階而上，彷彿走在小長城般，肯定能讓人發思古之幽情。

東涌炮台在清代稱為東涌所城，為大鵬右營的水師總部，是用作阻止鴉片貿易與海盜侵略。炮台建於道光十二年(1832年)，自新界在1898年租借給英國，清兵自炮台撤退後，炮台先用作警署，後用作華英中學校舍、東涌鄉事委員會及東涌公立學校。

站在城牆俯瞰炮台全景，古色古香的炮台與一座座現代樓宇，新舊景色交融，別有一番風味。

▲古色古香的炮台與一座座現代樓宇，新舊景色交融，別有一番風味。

精彩加料：

溫馨提示，逢星期二、聖誕日、聖誕翌日、元旦日及農曆年初一至初三休息。開放時間，10時00分－17時00分。
香港的outlet都集中在東薈城，也就是地鐵的東涌站。

老夫子帶路：

港鐵東涌站，然後接新大嶼山巴士 3M 、11、34
（下嶺皮村下車）

東澳古道
看飛機起降

喜歡看飛機的起降嗎？要看赤鱲角飛機起降最好的景點在哪兒？酷愛行山的山友肯定會說，最佳地點就是東澳古道。東澳古道是由東涌為起點，經侯王宮、石灣、深石村、深屈至終點為水鄉大澳。

當經過大嶼山東涌沙咀頭村西，請停下腳步，仔細欣賞現被列為香港二級歷史建築的「侯王宮」。其

▼「侯王宮」廟前廣場，乃是昔日駐防汛兵習射及操練之地，現在則是展望東涌灣與昂坪吊車最好的景點。

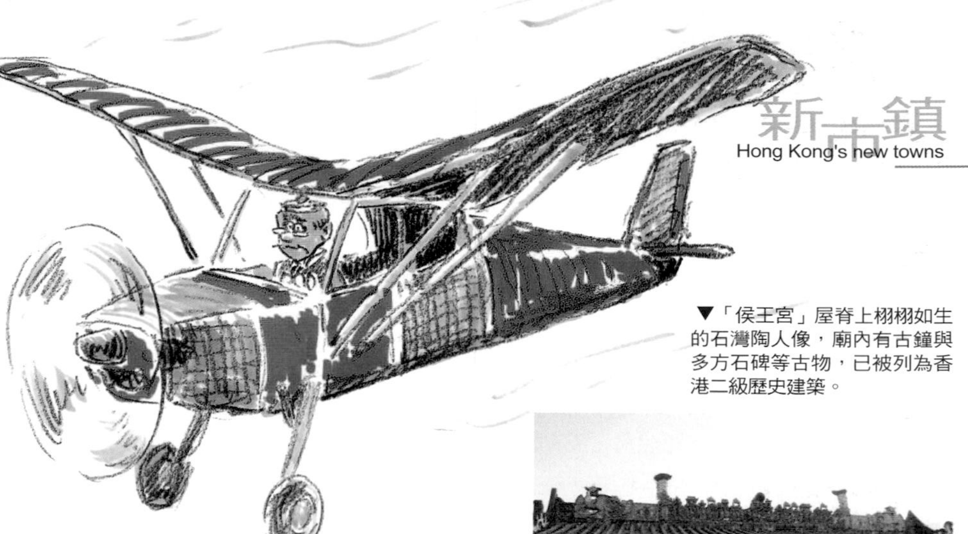

▼「侯王宮」屋脊上栩栩如生的石灣陶人像，廟內有古鐘與多方石碑等古物，已被列為香港二級歷史建築。

屋脊上栩栩如生的石灣陶人像，與廟內的古鐘與多方石碑，如「主佃兩相和永遠照立碑」與「東源堂碑誌」等，從古碑中可看見早年東涌分方東、西兩涌的紀錄。

精彩加料：

對民俗活動有興趣者，侯王誕辰 農曆八月十六至八月二十日期間，每年都有酬神演戲與舞獅、舞龍、聚餐等慶祝活動。

侯王宮建於乾隆三十年(西元1765年)，供奉南宋楊亮節，是村民從九龍城侯王廟請來制服瘟疫的。據說當年楊亮節保護南宋帝昺逃避至大嶼山，在東涌灣外與元軍海戰，最後壯烈犧牲，被封為王。廟前廣場有旗桿，乃是昔日駐防汛兵習射及操練之地，現在則是展望東涌灣與昂坪吊車最好的景點。

老夫子帶路：

東涌地鐵站A出口，通過富東村及逸東村，沿裕東路行，再循指示牌可至，全部約需二十分鐘左右。

金鐘紅棉道
浪漫滿街

每每經過金鐘紅棉道(Cotton Tree Drive)時，總會憶起在廣州與台灣木棉花開的情景。木棉花又名紅棉花、攀枝花，亦稱英雄樹，此樹又直又高，每年冬天一過，約3至4月間開花，滿樹的橙紅，煞是好看，待果莢成熟裂開後，朵朵棉絮漂浮空中，狀似花又像霧，非常羅曼蒂克。

歷代詩人對木棉花的詠嘆，如宋代詩人劉克莊："幾樹半天紅似染，居人言是木棉花。";明末清初嶺南詩人屈大均的詩:"西江最是木棉多，夾岸珊瑚千萬柯，又似燭龍銜十日，照人天半玉顏酡。" 還有李商隱詩《李衛公》裡的句子 "今日致身歌舞地，木棉花暖鷓鴣飛",都是藉木棉花描繪絢麗景色或感抒情懷。

據説紅棉路(Cotton Tree Drive)就是因與路旁的域多利兵房（今香港公園）滿佈木棉樹有關，以前稱木棉徑。又加路連山道與東院道之間的棉花路(Cotton Path)，元朗之「紅棉圍」(Hung Min Court)也都是以紅棉樹為名的。

紅棉花開花有情，人間有情花更紅，花木扶疏的香港公園門口就在紅棉路上，紅棉路在香港也幾乎成為結婚勝地的代名詞！

老夫子帶路：

紅棉路在香港港島金鐘上半山區的一條交通幹線。
香港公園地址在中區紅棉路 19 號
地下鐵金鐘地鐵站 C1 出口。

感謝讀者陳牧雨、楊豔萍提供木棉花照片。

精彩加料：

木棉花曾被很多地方指定為縣花，就我所知如廣州市、廣西欽州、憑祥，在台灣就有金門、台中、高雄。

香港公園
休憩好去處

金鐘太古廣場，吃的、喝的、玩的、聽的應有盡有，當您逛累了，可從太古廣場二座，搭手扶梯直接到「香港公園」，這裡花木扶疏，有流水、人造瀑布，景觀雅致，另有一番風情。

位於香港心臟地帶占地達8公頃的香港公園，於1991年啟用，鄰近有立法會、中國銀行大廈、高等法院和香格里拉酒店，是港人與遊人的休憩好去處。

▶香港以流水為主題，有人造山石堆砌而成的瀑布、溪流、水池及噴泉，人工湖畔旁有咖啡店。

處在悠閒又有各種高大罕見的植物公園裡，實在很難想像它的前身居然是殖民地時期的英軍域多利兵房，據説軍營指揮部就在此地下，且地下建有多個防空隧道，其中多處出口在興建太古廣場時拆了。

走在公園內，雞蛋花的香味陣陣撲鼻，雨天，公園裡不若往日遊人如織，但可也阻止不了要到婚姻註冊署的情侶，公園裡新人撐傘拍婚紗照片的濃情密意，讓過路人忍不住停下腳步多看幾眼呢！

公園內有免費參觀的「茶具文物館」、「香港視覺藝術中心」分館，「婚姻註冊署」亦在公園裡，除此還有三間大小不同的風味食肆，真是貼心的公園呀！

老夫子帶路：

港鐵太古站D2或E1出口。

精彩加料：

從太古廣場二座有手扶梯直接到公園，真是大才設計啊！
要認識花木，這裡有古木也栽植了木棉、榕樹、橡樹、棗樹等，觀鳥園、溫室、鐘樓、中央花園、體育館、兒童遊樂場等是親子遊的好地分方。香港公園還有那些去處，請自行上網瀏覽：http://www.lcsd.gov.hk/parks/hkp/b5/index.php

太古廣場
吃喝玩樂樣樣酷

常聽人説，「只要走一趟太古廣場，就可以領略到香港人吃喝玩樂的生活模式。」這句話説明了，太古廣場（Pacific Place）經營多元化，吃、喝、玩、樂、應有盡有，書店、唱片、影音店、戲院、超市等，就怕鈔票帶少了。

▲ 2010年吳興記書報社與王澤在奕居的戶外場地，慶賀「老夫子扮演團」成立五周年。

位於香港金鐘道八十八號及皇后大道東一號的「太古廣場」(又稱太古城中心)，不止是受香港人喜愛的消費場所，此廣場也是觀光客流連的地方。高檔的觀光酒店就有好幾家家：萬豪酒店、港島香格里拉酒店、港麗酒店、奕居等；百貨公司有香港西武與連卡佛兩間，商場四層(不含地庫)，二、三樓有許多知名的品牌，地下則是年輕人喜歡逛的服飾店；吃的包括高級中西餐廳與大眾化的快餐廳任君選擇，如中餐

廳有采蝶軒、北京樓及錦江春。

今日為時尚指標的太古廣場，前身為駐港英軍的域多利兵房或稱域多利軍營（Victoria Barracks），從廣場長廊可直通的香港公園，即尚存的域多利軍營的一部份。

「太古」名稱又是怎麼來的？它是十九世紀初英國商人**John Samuel Swire**(1825-1898)立，在中國創立了Butterfield & Swire 進出口公司，後來取了一個中文名字－－太古洋行。「太古」，意指規模宏大、歷史悠久。今日太古公司乃是香港主要上市公司之一，屬太古集團旗下的業務很多元，包括地產、航空、飲料、海洋服務。

精彩加料：

太古洋行屬下的太古輪船公司，於1883年在銅鑼灣附近即今鰂魚涌糖廠街興建「太古煉糖廠」與船塢。1907年啟用的船塢，在1978年關閉，並發展成「太古城中心」，該中心仍存有船塢興建時的奠基石以資紀念(如上圖)。圖片由王慈聰提供。

老夫子帶路：

香港島太古城太古道18號。港鐵太古站D2或E1出口。

參茸海味燕窩批發
MERRY CHRISTMAS
玫瑰花
Jardine's Crescent
3-5 渣甸坊 5-9

◀ 渣甸街有許多賣乾貨的非常吸睛；渣甸坊的露天市集更是讓人目不暇給 。

▶每回到渣甸街，墨魚丸大王的魚餃肯定是要吃的。

渣甸街
食買大滿足

香港神奇、美妙的地方是，在同一地區有超貴的精品店也有物美價廉的露天市集，瞎拼者要「敗家」全看自己的意志，我們就舉銅鑼灣的渣甸街與渣甸坊為例吧！

先說渣甸坊，它是個露天市集，也可以說是銅鑼灣的女人街，攤子除了賣乾貨，還包括中國製的成衣，日用品、玩具等，友人介紹我來此購物後，從此愛上這個地方，傳統風味的衣服、繡花鞋、繡花串珠手提包、美髮飾品與手機配飾等，應有盡有，女士們來此尋寶，肯定不會空手而回，因為價錢不貴嘛。

買到便宜貨，當然也不能虧待自己的身體與胃吧，走幾步到鄰近的渣甸街，整條街都是食檔，要品嚐香港道地的美食，如著名的的雲吞麵、煎餃子、生滾粥品、炒飯，港式甜品、新鮮出爐的蛋撻及香脆的「菠蘿包」等，「食」在美味。

從外地來的人，不免對渣甸街與渣甸街的名稱好奇，此地名是來自怡和洋行的威廉・渣甸（William Jardine)而名。再走幾步路，到對面的崇光百貨或時代廣場，吃、喝、玩、樂，豐儉由人，包君滿意。

精彩加料：

渣甸街的「潮苑」有正宗的潮州粉麵、魚蛋粉麵、魚皮餃，還有「文輝墨魚丸大王」的魚丸，湯清、魚丸彈牙。

老夫子帶路：

渣甸街是公共小巴總站。港鐵銅鑼灣站F出口。

香港藝術中心
心靈停看聽

位於港島北岸的灣仔，有下環之稱，昔日是「小海灣」的小漁村，經過多次移山填海，早已不復見，放眼過去會議展覽中心、文娛康樂、購物休閒中心應有盡有，儼然如「東方之珠」的縮影。

1977年成立的「香港藝術中心」，多年來不斷地推動香港當代藝術的發展，為國際著名藝術家 提供專業的展演空間，與培育香港新秀藝術工作者亦不遺餘力。因此，想了解當代藝術，到香港藝術中心就對了。

香港藝術中心有3D立體電影院、劇場與多層式設計的包氏畫廊（包玉剛及包兆龍畫廊），還經常有小型演出、論壇與派對的舉辦，對熱愛藝術文化者或遊客，提供了一處絕佳的心靈生活饗宴。

老夫子帶路：

從港鐵灣仔站C出口，步上通往入境事務大樓的人行橋，下橋後沿著海邊一直走到港灣道，左轉步行1分鐘即達。
尖沙咀碼頭、天星碼頭有小輪直達灣仔，上岸後在灣仔碼頭右轉，沿著香港會議展覽中心的方向，往港灣道步行約五分鐘。

精彩加料：

此中心於2004年舉辦過《耐人尋味—老夫子的香港生活》，2003年出版《老夫子漫畫研究計畫》一書。
網站請瀏覽： http://www.hkac.org.hk/online/e/home/

▶ 對熱愛藝術文化者，香港藝術中心的活動與展出，不可錯過。

▲在赤柱海濱選個露天的酒吧或餐廳，邊吃美味邊享受海天一色的風光，人生一樂也。

赤柱大街
異國食肆多

赤柱自從原位於中環的美利樓（此樓一度曾是日軍佔領香港時的總部）在此重現風采後，更顯熱鬧。一旁矗立刻有「同昌大押」的石柱，甚是壯觀，也讓美利樓更增添了幾許懷舊的氣氛。

到赤柱大街，最令人著迷的，應是美利樓對面的赤柱大街！

近海灣一帶的赤柱街上，此地聚集了許多異國特色的食肆，每間各具風味，傍晚與三兩好友在露天茶座享受美食，實在是人生一大快事！

有回與友人信步走到咖哩煲（Lord Stanley At The Curry Pot）餐廳，這兒有雜黃飯（Kashmiri Pulao）還有各款印度餅，不管是配上一碗港幣25元的酸辣雜菜蝦湯或印度特色酸菜湯，都很對胃。

◀漫步於赤柱，可享受悠閒的小鎮氛圍。

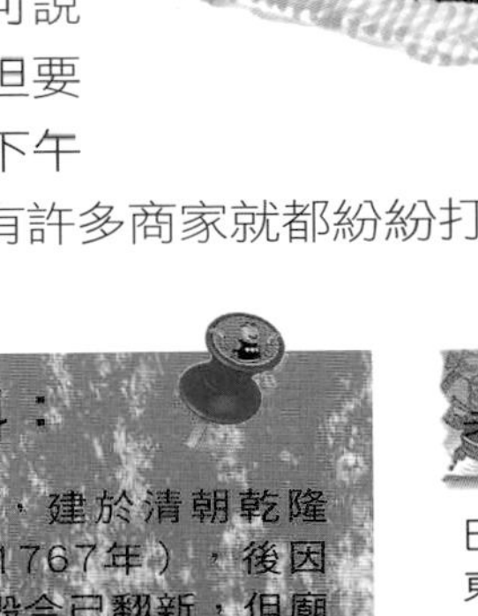

購物者的最愛——赤柱市場，也就是「赤柱市集」，有各種小型商舖，販賣服裝、籐器、書畫及藝術品，可說琳瑯滿目，但要把握時間，下午6:30以後，有許多商家就都紛紛打烊了。

精彩加料：

赤柱天后廟，建於清朝乾隆三十二年（1767年），後因颱風嚴重損毀今已翻新，但廟內仍存有建廟時鑄造的銅鐘。赤柱天后廟位於赤柱大街近馬坑村，往前走不遠即可到美利樓。

巴士/在中環交易廣場與尖沙咀東都有到赤柱。

▶尖沙咀重慶大廈幾乎是全球化的縮影，17層樓匯聚了來自亞非各國的商人、勞工和各國的背包旅客等。

▼ 此林則徐銅像，在澳門蓮峰寺旁的「林則徐紀念館」內。

從尖沙咀遺址 憶林則徐

尋找許久1840年林則徐在九龍尖沙咀、官涌(九龍佐治五世紀念公園附近)建的砲台照片，原來此古照片就在澳門蓮峰寺的「林則徐紀念館」內展示著。

▲「林則徐紀念館」內展示的九龍尖沙咀炮台舊照。

早在清道光年間，英國人大量走私和販賣鴉片到中國，當時的尖沙咀便是鴉片躉船

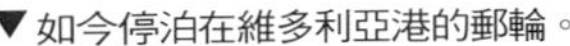

▼如今停泊在維多利亞港的郵輪。

經常停泊的地方。1839年林則徐舉世聞名的「虎門銷煙」後，英國水兵於尖沙咀藉酒醉先調戲村民林維喜之妻後，又將他毆斃。「林維喜案」引發「官涌之戰」及「九龍之戰」，也因此揭開了鴉片戰爭。香港割讓給英國，日後尖沙咀發展成為一個軍事及洋人的住宅區。直至1997年香港回歸中國。

林則徐在1840年，分別在九龍尖沙咀及官涌山上（又名臨衝炮臺）興建炮臺，設有官署、兵房、神廟等。後來兩座砲台都在鴉片戰爭中為英軍所佔，遭英軍炸毀及拆卸，今日官涌街及炮臺街便是昔日的遺址。

滄海桑田、世事多變。今日尖沙咀是博物館的集中地，如香港文化中心、太空港、藝術館、博物館、科學館等；也有不少富有特色的歷史建築物林立，如清真寺、玫瑰堂、福德古廟、香港天文臺，也有不少異國文化，如重慶大廈(如上圖)，是南亞裔及非裔人士聚居之所。

▲從尖沙咀遠眺維多利亞港。

老夫子帶路：

港鐵尖沙咀與尖東站。

精彩加料：

位於澳門提督馬路的蓮峰廟（或稱蓮峰寺），是澳門三大古廟之一，很值得參觀。廟內設有普濟蓮峰學校外，古碑、古楹聯不少，其中「林則徐紀念館」展示了許多關於林則徐先生的文物。

五支旗杆下
浪漫等回憶

現今年輕男女約朋友相見的地方都在哪兒呢？

前幾年台灣報紙報導「香港專題」，於花絮中特別提到，香港人約見面，習慣約在地鐵的恆生銀行前碰面。但就我所知，早年年輕男女約朋友相見的地方，是在尖沙咀天星碼頭旁的「五支旗杆」下，此五支旗杆，成了許多人甜蜜「不見不散」的標記與回憶。

▲五支旗桿下等你，不見不散喔！

在五支旗杆下等朋友，一邊看在地上覓食根本不怕人的白鴿，一邊欣賞海景、吹吹海風，甚至到書報攤買份剛出爐的畫報、雜誌，邊翻閱邊等人，連等的人都成了好看的風景！

滄海桑田、

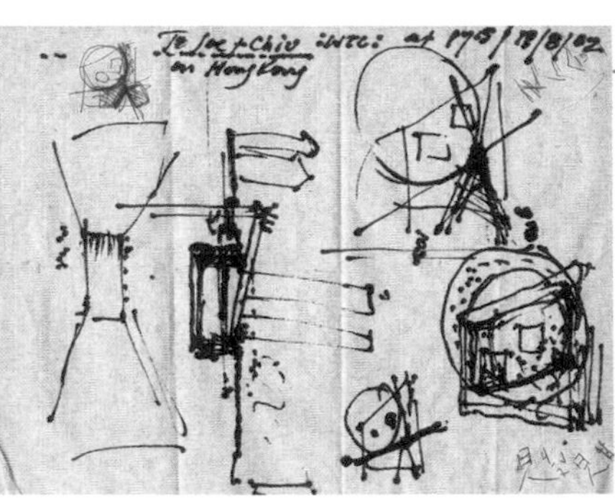

物換星移，據說當年的「五支旗杆」正是九龍倉的入口處。何謂九龍倉？九龍倉是香港最大的碼頭，有道是，誰掌握了它，誰就掌握了香港，它是各大財團的必爭之地。

上世紀50年代，這裡還是深水碼頭，露天貨場，行船絡繹但人煙稀少，人稱"九龍倉橋"的，現在則是九龍倉集團旗下的海港城了，與海運大廈、海洋中心連在一起，橫跨整條廣東道尖沙咀段，是全港最大的購物城之一。

近年來聖誕節前後幻化成「萬彩聖誕街」，聖誕燈飾，靚麗壯觀，吸引了許多中外遊客。

精彩加料：

天星碼頭與五支旗杆附近帶給我很多甜蜜的回憶。2002年11月7日，美國名建築師李伯斯金丹尼爾（Daniel Liebskind）與妮娜從柏林到香港，參加香港城市大學舉辦的創意媒體中心（Creative Media Center）競圖報告，第二天他們夫婦與王澤和我四人來到尖沙咀天星碼頭附近，為他的大兒子列夫選相機之後，我們在星巴克喝咖啡，妮娜建議討論紐約世貿中心重建競圖的概念，後來此圖贏得頭獎，而此競圖設計草圖，我一直珍藏著。(見上圖)

老夫子帶路：

從港鐵尖沙咀站A1出口，沿海防道一直走，到海港城右轉，再走5分鐘即達，或尖沙咀站碼頭站。

▲九龍公園是鬧市中最大的公園，古樹參天。

九龍公園花草繽紛 老少咸宜

位於九龍尖沙的咀九龍公園早年是英軍威菲路軍營，現在則是最受港人和遊客喜愛的公園之一。

公園山丘上的堡壘和炮台改裝成的歷奇樂園與兒童樂園最受小朋友的喜愛，喜歡花花草草者，九龍公園也絕對不會讓你失望的，看，這兒種有洋紫荊、細葉榕、王棕、白千層、鳳凰木、菩提樹、雞蛋花等，瑰麗花園內則種滿了玫瑰，而中國式的花園有荷花池、瀑布，池中更有古色古香的中國式涼亭，園區的鳥

▲九龍公園內奇花異草、珍禽異鳥，景觀獨特，是香港市民與遊客，忙裡偷閒的最佳去處。

湖、百鳥苑，有各種鳥雀，如黑頸天鵝、大紅鸛，鴛鴦等很吸引人！

園區最有特色的雕塑花園，展出許多本港及外國年青藝術家的雕塑作品，如張義的「將軍」、依娃．德魯韋特(Eva Drewett)的「生命之貝」，此外，根據香港康樂文化署介紹，尚有名聞遐邇的雕塑家愛德華多．鮑洛齊(Eduardo Paolozzi)的「牛頓的構思」雕塑品。

2012年，九龍公園又多了一處漫畫迷非逛不可的景點，那就是一條紀錄香港漫畫界流金歲月的「香港漫畫星光大道」。

此漫畫星光大道，兩旁有二十四個經典港漫角色的巨型彩繪雕塑壓陣，如家喻戶曉的老夫子(見左下圖)、牛仔、王小虎、步驚雲和華英雄、哨牙珍、許樂、燎原火，以及近代的馬仔、聾貓和癲噹等，可謂集「老、中、青」香港漫於一身，還有十位本地漫畫家的銅製手印，漫畫迷可以和漫畫家王澤、黃玉郎、馬榮成與13點等知名漫畫家比比手印喔。

老夫子帶路：

公共巴士及港鐵(尖沙咀港鐵站A1出口或佐敦港鐵站C1出口)均可到達。

精彩加料：

九龍公園下方的栢麗大道是購物者的天堂，此地段集中了不少本港及歐洲的名牌服飾與時尚精品店，購物大道兩旁栽種有高大的細葉榕與鵝掌藤的植物，漫步栢麗大道感到特別舒暢，逛它千遍也不累。

來去香港逛書店

台北敦南24小時不打烊的誠品書店，很有魅力，也因此香港人常說「台北人很幸福」，有這麼好的不打烊書店，而位於信義區的誠品旗艦店，更號稱全亞洲最大的書店，成群的讀者群穿梭其間，使得此書店成為城市景點，也成為讓台灣人引以為傲的文化風景。如今，誠品書店已於去年駐進香港銅鑼灣希慎廣場，香港人應該不用辛苦到台灣誠品買書了。

說來香港可逛的書店也不少，如銅鑼灣廣場的「葉壹堂(PageOne)」中、英文書相當豐富；或同在銅鑼灣與九龍美麗華商場的「商務印書館」，及中環「三

▲ 尖沙咀栢麗大道附近就有兩家書店。其中商務書店內經常舉辦畫展與藝文活動。

老夫子帶路：

尖沙咀天地圖書、商務印書館
港鐵尖沙咀站 B1 出口

聯書店」，在尖沙咀的話，「洪葉書店」，「天地圖書有限公司」看書、買書都很過癮！

位於尖沙咀的天地圖書，店面雖然不大，分地上、地下兩層，可是書店的服務人員有問必答，態度相當和藹親切，而且出版也出售許多本港地方歷史、民俗的書籍，還有，一進書店就可欣賞到牆壁上掛著金庸的題字：「天地之間智慧無窮 無盡智慧匯於圖書 書中天地無窮無盡」。感覺與金庸或浩瀚書籍近距離的接觸，很幸福！

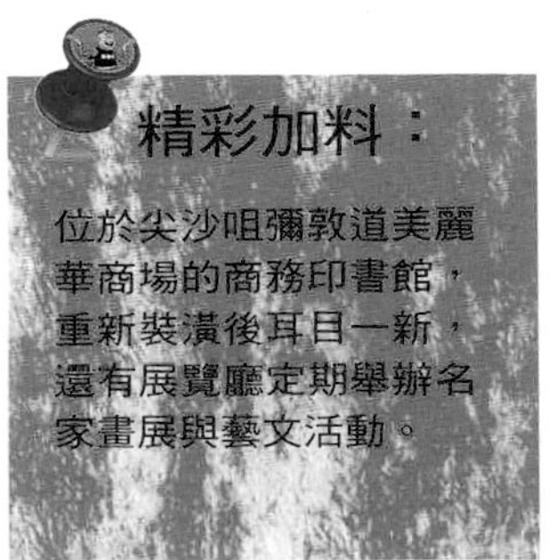

精彩加料：

位於尖沙咀彌敦道美麗華商場的商務印書館，重新裝潢後耳目一新，還有展覽廳定期舉辦名家畫展與藝文活動。

萬麗酒店
穿越時空遇見布拉克

記得2000年大導演徐克在籌拍「老夫子2001」3D+真人(張栢芝、謝霆鋒主演)電影時，有一回王澤與我投宿於九龍萬麗酒店。正要上二樓櫃台Check-in時，王澤突然停下腳步，眼尖的他發現，就在酒店一樓接待大廳的牆壁上掛了布拉克的版畫，且不止一幅，共有六幅鳥系列的版畫。

身為建築藝術家的王澤，當下很興奮的跟我分享這位晚年以「鳥」做為畫畫主題的繪畫大師有趣的生平軼事。他講解時特別強調，布拉克與畢卡索對20世紀西方現代派藝術的影響力，且倆人有特別交情。

布拉克(G.Brague也有譯為喬治・勃拉克1882-1963)，是法國現代繪畫大師，立體主義繪畫創始人之一。1882年5月13日生於塞納河畔的阿讓特伊，他的父親是位房地產經紀人。1907年，與畢卡索相識，深為其作品《亞維農的少女》所傾倒，兩人遂成為至交，日後成為立體主義繪畫創始人。

2009年年底王澤與我再次投宿九龍萬麗酒店，布拉克的六幅版畫仍懸掛在大廳，別來無恙，彷彿老友正靜

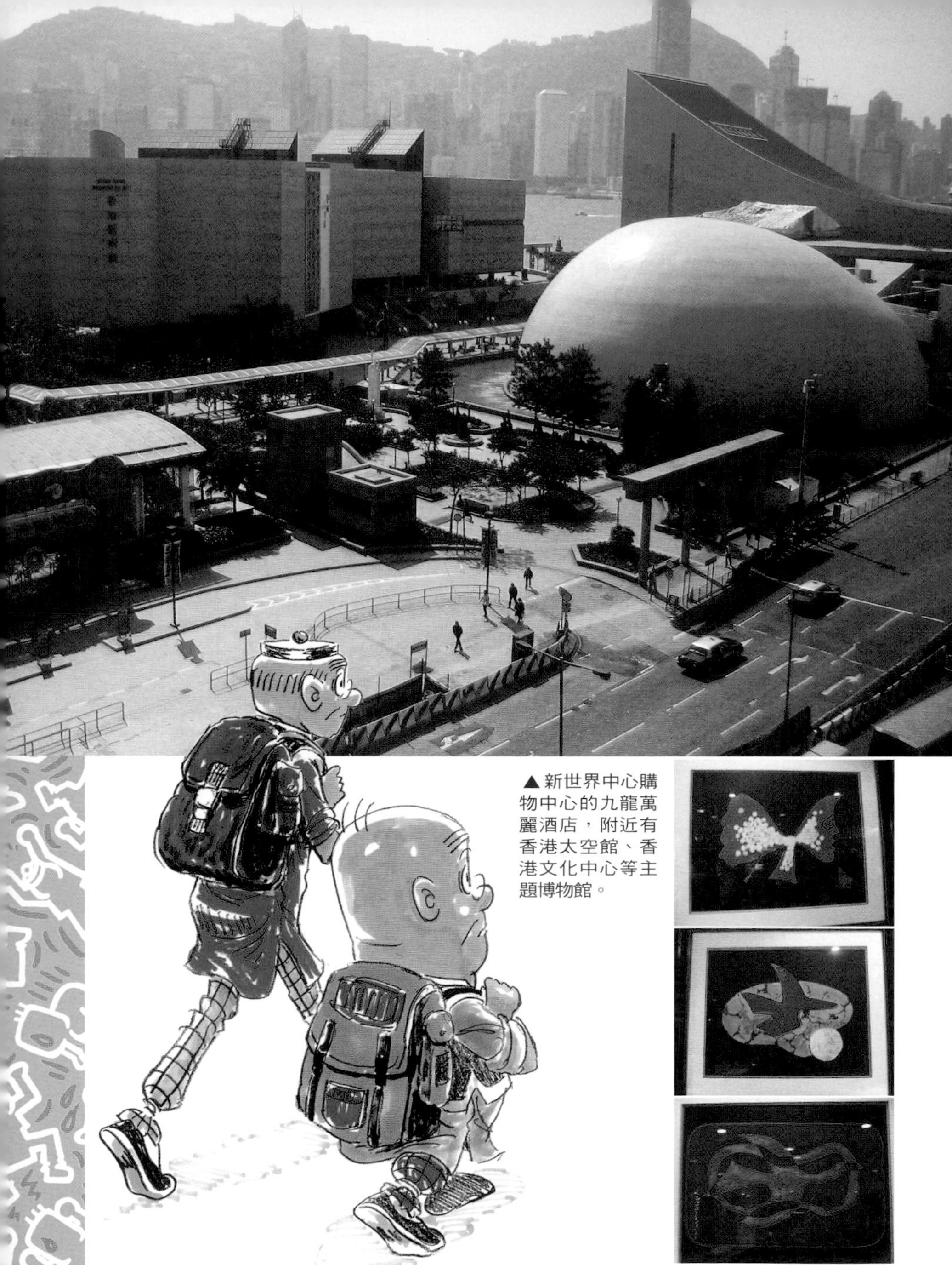

▲新世界中心購物中心的九龍萬麗酒店，附近有香港太空館、香港文化中心等主題博物館。

▲布拉克的鳥圖版畫。

靜等待著我們的凝視，瞬間的快樂油然而生。再次相遇，版畫風采依舊，九年歲月，我們憑添了幾許華髮，可喜的是，仍與老夫子長相左右。

▲ 王澤攝於萬麗酒店大廳布拉克版畫前，右圖穿西裝者是香港設計師Andy Lam。

曾對野獸派繪畫產生濃厚興趣的布拉克，有人形容他的作品「安祥如歌一樣」的基調，與那種色彩強烈、筆法奔放而令人興奮的野獸派作品風格迥異。的確，仔細欣賞此布拉克的版畫，帶有淡淡地詩意與寧謐。

精彩加料：

1. 布拉克長久鑽研靜物畫，他與畢卡索共同探索新繪畫風格時，拼貼和集成法在兩人的作品中經常相繼出現。
2.九龍萬麗酒店(Renaissance Kowloon Hotel，原新世界萬麗酒店），位於九龍尖沙咀梳士巴利道22號，鄰近維多利亞港的海濱長廊、香港星光大道及新世界中心購物中心。

老夫子帶路：

港鐵荃灣線尖沙咀站；以及港鐵西鐵線尖東站附近

1881 Heritage
新舊共享好時光

在九龍尖沙咀旅遊購物熱點的廣東道，有一個令人矚目的景點，名為「1881 Heritage」。

此匯聚國際級品牌珠寶、世界名表、著名時裝設計品牌及高級精品和特色食肆，並集娛樂、展覽館及文物酒店的「1881 Heritage」，名稱如此特別，是怎麼取的？

原來位於香港九龍尖沙咀廣東道2號A，極具建築特色的「1881 Heritage」，它的前身是曾被指定為香港法定古蹟的「香港警察水警總部」，包括前水警總

精彩加料：

「1881 Heritage」的白天與晚上很不一樣，夜間的燈光，很浪漫，非常吸引人。在後方「隆濤院」的中式餐點，非常精緻，值得一嚐。

◀ 左圖為前香港水警總部的報時塔。
1881新舊建築融合與國際名牌匯集的地方，更是新人拍婚紗照的取景地點。

部主樓、前時間球塔、 前
龍消防局及前九龍消
局宿舍。

根據香港古物古蹟辦事處的資料顯示：前水警總部建於1884年，整組建築包括主樓、馬廄及報時塔（俗稱圓屋）。除日佔期間(1941至1945年)曾用作日本海軍基地外，至1997年為止，一直為水警所用。

「香港警察水警總部」於1881年建在「九龍西1號炮台」遺址上，大樓於1884年落成，如今變身為「**1881 Heritage**」，新舊建築共冶一爐的「1881」，成為一座時光遺產，同樣擁有逾百年歷史經典品牌；如今緬懷古蹟或可在「1881」大型廣場所留存的幾棵百年古樹與報時塔，與煤氣燈優雅情趣的意境中想像了。

老夫子帶路：

九龍尖沙咀廣東道2A從港鐵尖沙咀站E出口，步行至梳士巴利道後右轉，取道香港基督教青年會旁的人行地下道至「1881」。

▼在通天廣場頂層，仰望數位天幕上的浮雲，很有趣！

新潮朗豪坊
老旺角改頭換面

旺角，過去給人們的印象是可以淘到各種新鮮、便宜東西的地方，但自從2004年底「朗豪坊」落成後，大大改變了大家對旺角老街坊的刻板印象，「朗豪坊」不但成為旺角的著名地標建築，更成為香港潮流的地標。

位於砵蘭街的「朗豪坊」（Langham Place），是一座綜合商場，內有購物商場、五星級朗豪酒店以及辦公室大樓、戲院、國際及本地潮流品牌、特色餐飲食肆等，是當地人的消費所在，更是遊客購物消閒的熱點。

▼朗豪長度達83公尺的室內電動扶梯「通天梯」，鳥瞰遊人如織的商場，甚是壯觀。

到「朗豪坊」最讓人眼睛一亮的是回轉購物廊的獨特設計，從四樓直達12樓的手扶梯，有如通天梯，到了頂樓則是一張巨大的數碼天幕，覆蓋整個商場頂部，並播放藍天、白雲、煙花、海洋、遊魚等各種景象。

有一年中秋前夕，我們與Winson&Louisa夫婦於朗豪坊L13迎月，在天幕下感覺宇宙星空是那麼的虛幻與奇特。

▲某年中秋前夕與Winson&Louisa夫婦於朗豪坊L13迎月，在天幕下感覺宇宙星空的虛幻與奇特。

精彩加料：

旺角的滄桑因「朗豪坊」而改頭換面，那麼「朗豪坊」的聞名，更是因《天幕下的戀人》電視劇集在此拍攝取景，大受矚目。

你是旺角MK人嗎？

到了旺角，如果沒有到「朗豪坊」，有如入寶山空手而回。「朗豪坊」有什麼吸引人的地方？「朗豪坊」是一個大型購物商場，包括有百貨公司及多間食肆，還有附設電影院與五星級的朗豪酒店。

「朗豪坊」位於旺角的康樂街，早期名稱是雀仔街。售賣雀鳥的街檔而得名的雀仔街，1998年因市區重建，原雀仔街遷至鄰近旺角東站的園圃街雀鳥花園。

今日旺角已成為非常繁榮的購物區和住宅區，旺角及附近一帶的商店多賣潮流商品，吸引不少年輕人聚集，有如台北的西門町或東京的原宿。「MK人」，「MK仔」或「MK 妹」與「MK 女」，MK即 Mong Kok (旺角，粵語的發音)簡稱，他們的穿著打扮則被稱為「MK Look」。

旺角上海街早期稱差館街，於1887年建成時，因為位於眾坊街和當時的差館街交界，有第一代油麻地警署而曾定名為差館街(Station Street)，但因香港島有差館上街，為免引起混亂，所以易名為上海街。

還有豉油街，因以前有醬油廠設於該地得名。現在走在旺角彌敦道以西很難想像過去是海邊吧？新填地街即是填海得來的土地。

▲ ▶ 時尚的朗豪酒店，就在朗豪坊旁。朗豪坊附近有好幾家年輕人喜歡的品牌服飾店。
旺角新舊樓宇林立，也有很多條有特色的街道。

精彩加料：

自從旺角開了五星級的朗豪酒店，旺角更旺了。「朗豪坊」商場內的「池記雲吞麵家」的雲吞麵，肯定是要吃的。

老夫子帶路：

位於九龍旺角亞皆老街8號的朗豪坊
港鐵旺角站C3出口。

荃灣新市鎮 發展潛力無窮

看到「荃灣」兩字，腦海中聯想的是什麼？喔，那不是離「香港迪士尼樂園」與「香港赤鱲角國際機場」很近嗎？港鐵荃灣西站側的「如心廣場」不就是香港知名華懋集團已故主席龔如心生前建造的高樓嗎？

沒錯，位於香港新界南部的荃灣區，是香港十八區之一，從1982年，地鐵荃灣綫伸延至荃灣站，於是荃灣新市鎮開展，人口不斷增加，時至今日又隨著國際機場與主題公園的啟用，如今荃灣區已經成為香港最具發展潛力的地區。

荃灣古稱為淺灣，傳是因該處海灣水淺而得名，在

◀鳥瞰荃灣，新大樓林立。
▼從舊地圖找找看，荃灣在哪裡？

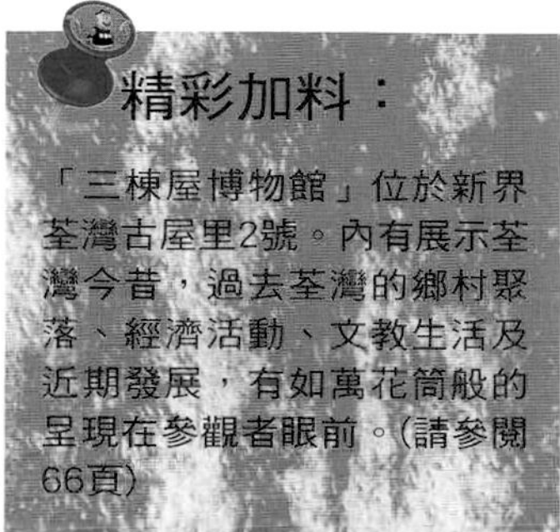

精彩加料：

「三棟屋博物館」位於新界荃灣古屋里2號。內有展示荃灣今昔，過去荃灣的鄉村聚落、經濟活動、文教生活及近期發展，有如萬花筒般的呈現在參觀者眼前。(請參閱66頁)

明朝和清朝的地圖和文獻，包括新安縣志都可找到此地名，還曾因為海盜猖獗，此區亦曾稱為賊灣。據説，荃灣近藍巴勒海峽一帶以前叫做三百錢，就是因傳説人們經過該地時，要給三百錢的過路錢。清朝初期，荃灣有多個名稱，如荃灣約、全灣約和全灣。

老夫子帶路：

從港鐵荃灣站E出口，按路牌指示步行5至10分鐘。港鐵旺角站C3出口。

相信老一輩的長者都知道，荃灣區居民大都來自廣東客家移民。據説清康熙八年(西元1669年)，清朝遷界令一度放寬，使得大批客家人遷入荃灣，沿今日青山公路建立大約26個村落，其中最早的就是老圍村。

早期「荃灣」的面貌究竟如何？想知道的讀者，可以到荃灣「三棟屋博物館」瞧瞧，三棟屋即是陳姓在廣東支系所建立，是香港最古老的圍村之一。

夜來海鮮美
西貢表情多

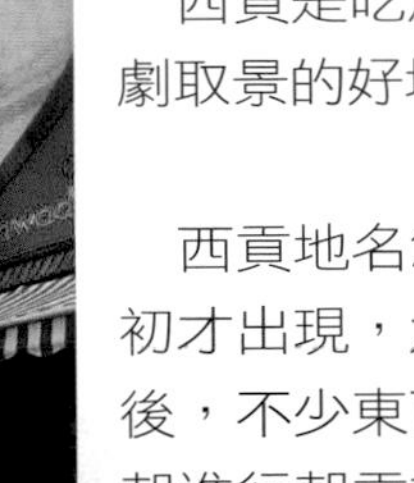

▲穿梭西貢大街小巷，會發現轉角有許多異國風情的餐廳。

西貢是吃海鮮、看夜景的好地方，除此也是港劇取景的好地方。

西貢地名怎麼來的？「西貢」一名，大約在明初才出現，大明帝國曾派遣鄭和「下西洋」。之後，不少東西亞、中東沿海、東非等國家也向明朝進行朝貢或貿易。據説，進入中國的商船及貢傳，都必須在西貢的佛堂洲完稅後才能進入中國海域，因此「西貢」是指「西方來貢」的意思。

西貢市又稱西貢墟，早年是漁民捕魚居住的地方，今西貢不但是一個海鮮勝地，還有許多歐陸、美式風情的商店及餐廳。穿梭巷子中，裡面有林林種種的海味乾貨及一些有趣的童玩店。漁民供奉的天后古廟，除了祭祀天后媽祖，還有武廟關公。在西貢大街喝下午茶吹海風或晚上來吃吃海鮮，看夜景，都別有一番風味。

原是水上人聚居的西貢，是十足的漁村小鎮，目前則吸引許多外籍人士聚居於此。市區擁有百年歷史的「西貢墟」，沿海而建的海鮮街有許多食肆和酒吧，

◀ 到了西貢不妨去天后古廟祈福，此廟是漁民的守護神。

◀ 西貢碼頭一景。

供遊客選擇。

有香港後花園稱的西貢，港劇「法證先鋒」有許多情節都發生在西貢，劇中男主角與舊情人約會的地方，就在西貢碼頭，倆人就坐在海濱港場的餐廳喝咖啡的。

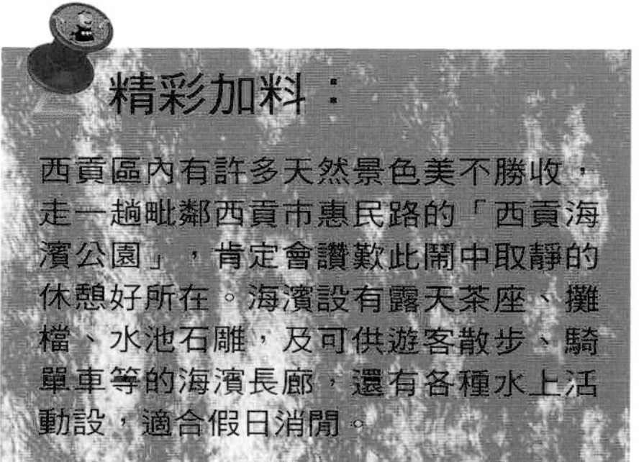

精彩加料：

西貢區內有許多天然景色美不勝收，走一趟毗鄰西貢市惠民路的「西貢海濱公園」，肯定會讚歎此鬧中取靜的休憩好所在。海濱設有露天茶座、攤檔、水池石雕，及可供遊客散步、騎單車等的海濱長廊，還有各種水上活動設，適合假日消閒。

老夫子帶路：

九龍鑽石山地鐵站轉搭92號巴士；彩虹地鐵站轉搭 1A綠色專線小巴前往，車程需時約30-50分鐘。

梅窩花香遍地
疑是天上人間

▲梅窩適宜度假，從中環搭渡輪快的話，半小時即可到達。

香港離島的「梅窩」，非常適合親子郊遊，從中環搭船至梅窩，約四十五分鐘。

香港真是個神奇又美妙的地方，不要一個小時光景，就可從高樓大廈的繁華大都市到擁有沙灘的村屋，香港的離島真是個世外桃源哩！梅窩就是其中之一。

梅窩，古稱梅蔚，在香港大嶼山的東南部，梅窩附近的銀礦洞曾出產白銀。從地名上來解讀，此地應是梅花遍佈了，可秋天到梅窩，沒看到梅花卻看到滿

▲ 有山有水還有遍野的花花草草，梅窩的風景令人陶醉。

山遍野的紫荊花、野薑花，花香、果香與潺潺的澗溪聲，梅窩郊野的景色，實在讓人陶醉。

先說梅窩的地名、溪名與屋名，如「鹿地塘」、「蒼龍」及「潛龍」、「蓮花山」、「奕園」、「近嶺小築」、「尋夢園」、「燁綺居」等，名字多美呀！還有「文武廟」、銀礦灣沙灘，都令人留連忘返。

徜徉在梅窩的山水間，不禁輕輕哼起：「樹上小鳥啼，江畔帆影移。片片雲霞停留在天空間，陣陣薰風輕輕吹過…青蛙鳴草地，溪水清見底。雙雙蝴蝶，飛舞在花叢裡，處處花開朵朵花香美景如畫，…萬紫千紅，映眼前，這裡是天上人間。」這首【天上人間】的歌。

特別值得一提的是位於白銀村的「奕園」，在荒郊

▼白銀鄉是香港奧運徑終點。

▼奧運徑所經過的文武廟。

▼李府食邑稅山界碑，一座在梅窩碼頭休憩花園，另一座在香港歷史博物館。

野外有花園、泳池、和噴水池的豪華洋房，總是讓人感到好奇，加上門禁森嚴，感覺有點神秘、吸引人，猜想屋主應不是等閒人？總想探究。經過一年追尋，在梅窩人的網誌尋得：屋主楊瑞山，他是「義和隆米行」的老板，所以奕園又稱義和隆，據說，香港有些電影在此取景。

精彩加料：

梅窩很早就有人聚居，相傳南宋末年，逃避元朝士兵的宋帝昺等人除到了馬頭圍一帶外，亦曾在梅窩一帶登基及稍作逗留，今梅窩碼頭的「食邑稅山」界碑，據考證是南宋廣東官吏李昴英的食邑封地。此界碑在萬角咀也被發現，這塊石碑則置於香港歷史博物館。
渡輪碼頭附近有販售小吃的商店，其中「榕樹頭」的廣東順德小吃，味道不錯。

老夫子帶路：

前往梅窩，在中環有渡輪；或走大嶼山公路。梅窩人網誌：http://hk.myblog.yahoo.com/muiwo-lantauisland

絲襪奶茶飄異香
鴛鴦奶茶真地道

從外地到香港的遊客看到店家招牌絲襪奶茶，不免一臉狐疑，心裡想的是：能喝嗎？繼而想：真的是用絲襪來沖奶茶嗎？我倒想試試。

走到中環「蘭芳園」，師傅正用「絲襪袋」在每壺紅茶中來回沖下提上的，近看此棉紗網的形狀與顏色真像似「絲襪」。原來煮好的錫蘭紅茶用棉線網先行過濾，濾走茶渣以外，也使紅茶更香滑，然後再加入奶和糖，哈哈，奶茶顏色看來也跟絲襪一般呢。

香醇的絲襪奶茶是香港頗具特色的飲料，在食肆或茶餐廳是日常早餐或下午茶最常見又便宜的飲品。

▲ 絲襪奶茶與鴛鴦奶茶是很富香港特色的飲料。

▲蘭芳園的師傅正在操作絲襪奶茶。

▼絲襪奶茶遠近馳名，到蘭芳園肯定要喝它一杯。

至於「鴛鴦奶茶」這麼浪漫的名字，也是非喝它不可！由咖啡加奶茶混合而成的鴛鴦奶茶，深受香港人喜愛，就連遊客也驚豔，台灣遊客更豪邁的說：到了香港不喝杯「鴛鴦奶茶」，實在對不起自己。擁有奶茶的香滑，又有咖啡的濃郁香味的口味獨特的鴛鴦奶茶，是中西飲食文化的揉合，也是香港的地道飲品。

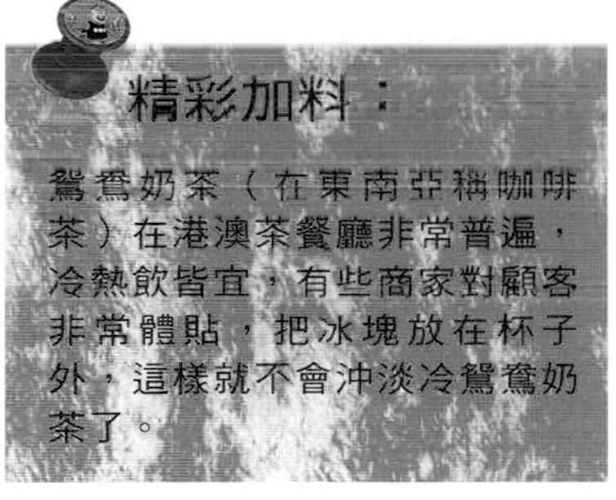

精彩加料：

鴛鴦奶茶（在東南亞稱咖啡茶）在港澳茶餐廳非常普遍，冷熱飲皆宜，有些商家對顧客非常體貼，把冰塊放在杯子外，這樣就不會沖淡冷鴛鴦奶茶了。

老夫子帶路：

蘭芳園，(Lan Fong Yuen)位於中環結志街2號，是香港非常悠久的茶餐廳。從中環站 D2出口，沿德己立街轉入威靈頓街，步行約15分鐘即可到達 。

逛荷里活
發現芝士房

喜歡吃芝士（英語cheese，有翻譯成起士或起司，是一種用牛奶發酵過程製作的食品，稱乾酪又名奶酪或乳酪）的讀者，你知道香港賣芝士最全的店在哪兒嗎？

就在上環荷里活路的PR CLASSIFIED芝士店，店面雖然不大，但內部的陳設非常幽雅，客人在此用餐可以吃到多種口味的芝士與麵包外，也有獨特的脆餅和地中海式餐點供應。

最不可思議的是，此店的樓上，除了有多種直接從

▼位於上環的PR Classified，最是吸引老饕的芝士房裡有各式各樣的芝士。

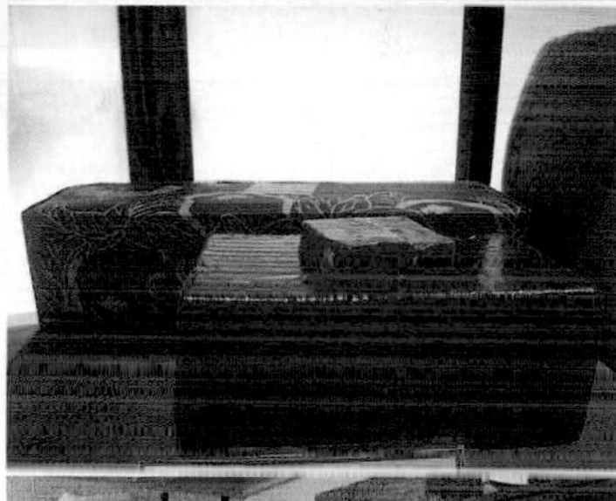

葡萄園進口的紅酒外，還擁有一個芝士房，是全香港也可說是全亞洲第一個可讓客人參觀的芝士房，如果你在此用餐或買芝士，可別忘了參觀樓上的芝士房，來自各地與不同種類的芝士，真是讓人大開眼界呢！

精彩加料：

芝士的味道，有香、羶、酸、辣、鹹等，有人形容變化多端的芝士味，猶如女人心。不知是否如此？但可試試，吃一口芝士，在芝士縈繞口中時，喝下美酒，若搭配得宜，兩者味道將發揮得淋漓盡致。

PR CLASSIFIED：
地址：上環蘇豪荷李活道108號電話：2525 3454
http://www.classifiedpr.com/

老夫子帶路：

港鐵上環站。
沿皇后大道中

蓮香園
懷舊點心酥又香

喜歡老字號的食客，相當傳統的「蓮香園」肯定不能錯過。此茶餐廳在上菜前會先送大碗內有茶，是用來洗杯子和碗筷的，想吃食物就得先拿著點單，讓點心推車服務生在點單上做記號，才能回座享用；與陌生人搭檯同吃，那更是習以為常，因為價格實惠，所以生意興隆像菜市場般，人來人往，熱鬧得很。

蓮香園懷舊茶餐廳精美點心，有小點、中點、大點，各式腸粉、灌湯餃等，當然茗茶是一定要的。陳皮湯鴨、豬肝燒賣、咖哩魷魚都很特別，來此初嚐

「煎釀鯪魚」，不但沒有討人厭的細刺，咬一口，嗯，不同層次的香味在嘴裡流轉著…，又酥又香。

煎釀鯪魚，是廣東順德的功夫菜，將新鮮的鯪魚肉和骨頭取出，把魚肉與豬肉、臘肉、陳皮、蔥花等打碎後，再塞回鯪魚皮內油煎。在蓮香園上桌的「煎釀鯪魚」，乍看就像一條完整的鯪魚(如上圖)。

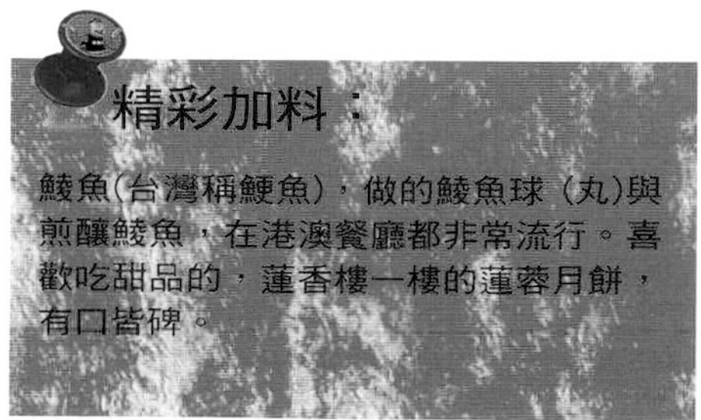

精彩加料：

鯪魚(台灣稱鯁魚)，做的鯪魚球（丸)與煎釀鯪魚，在港澳餐廳都非常流行。喜歡吃甜品的，蓮香樓一樓的蓮蓉月餅，有口皆碑。

老夫子帶路：

港鐵中環站
香港中環威靈頓街160-164號
(852)2544-4556

留家有詩相伴
美食生津意難忘

談到吃，有趣的話題就多了！香港什麼都好吃，這是許多觀光客到香港的目的之一，怎麼好吃？好吃的經驗，除了享受舌尖的味蕾，吃的情境也是其中要素。

有一次難忘的好吃回憶，是這樣的：有一回朋友舒眉請王澤與我吃飯，雖然已事先訂位，但因有事耽擱晚了十來分鐘來到「留家廚房」，已被取消訂位。據說這家標榜烹飪不下味精的古老、自然廣東菜館，一向座無虛席，侍者見我們失望的眼神，徵求我們在餐廳門前加個位子如何？

如果，屋外有花園流水當然求之不得了，可是偏偏

◀作者與國際桂冠詩人張香華在梁秉鈞寫的「人面」詩前留影。

▲留家廚房的粵菜，有家庭風味，讓許多食家成為常客。

餐廳外是川流不息的人潮與飛馳而過的轎車、貨車等，本想拒絕，不過，當看到餐廳外的兩面玻璃詩牆，我們欣然同意了。

噫，為什麼？原來留家的玻璃詩牆上有心儀詩人梁秉鈞(筆名斯也)所寫的「鴛鴦」與「人面」兩首詩陪伴著，不覺得特有詩意嗎？心情放鬆下，車水馬龍與來往的路人已無關緊要。

當晚，每樣菜都吃得津津有味，不過，「鴛鴦」與「人面」的詩牆到現在仍久久無法忘懷。也想起梁秉鈞另一首名為「戀葉」的詩，〝在凝視的慾望和水的深度之間 風吹過生成了漣漣的文字〞。啊，那晚在「留家」，人與物都成了美麗的邂逅！

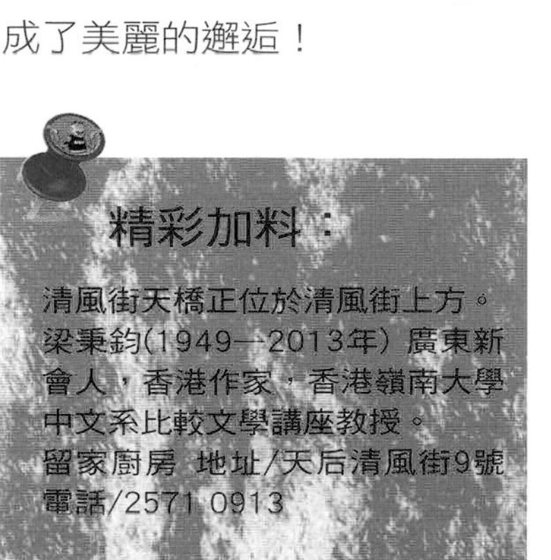

精彩加料：

清風街天橋正位於清風街上方。
梁秉鈞(1949—2013年) 廣東新會人，香港作家，香港嶺南大學中文系比較文學講座教授。
留家廚房 地址/天后清風街9號
電話/2571 0913

老夫子帶路：

港鐵天后站A2出口、九巴/城巴102。

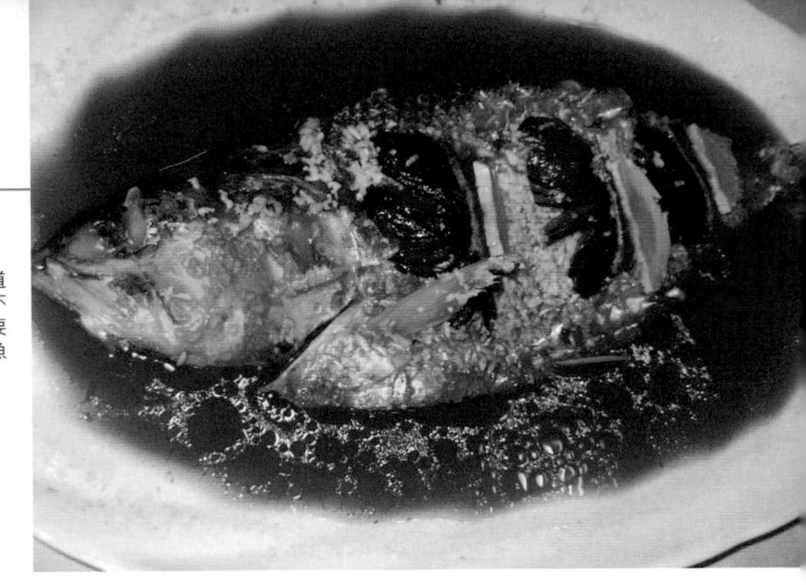

▶鰣魚味道鮮美，不過吃時要注意魚刺。

鰣魚要食鮮
蘇浙同鄉最入味

「好似食盡鳥投林，落了片白茫茫大地真乾淨」，這句令人深思的話，來自《紅樓夢》的終回。説到紅樓夢，金聖嘆曾説，人生有三大恨事：海棠無香，鰣魚多刺，紅樓未完。這樣的説法，讓聽者會心一笑。

鰣魚是江南名產。「六月從錢塘江逆流而上到桐廬江，八、九月是鰣魚季節」，鰣魚，在春末夏初，從海內迴游上溯至江中產卵，屬季節性魚，故名鰣魚，由於鰣魚味道鮮美，為一般魚類所不及，因而，鰣魚在古代被列為貢品。

傳説，鰣魚十分珍惜自己的鱗片，漁網一觸到它的鱗，它就不動了，所以古來稱其為「惜鱗魚」。鰣魚的鱗下含有豐富的脂肪，烹調時不去鱗，肉質會更加肥嫩。

　在香港鰣魚做的最入味就屬「香港蘇浙滬同鄉會」餐館了，瞧左圖，與香菇、冬筍和火腿清蒸的鰣魚，未下箸已聞到一股香味，吃到嘴裡可說是美味極了！切記，品嚐魚鮮時要注意魚刺唷！

▲ 王澤與我到香港時，吳興記老闆吳中興(左2)幾乎都在此請我們吃好味。(右1)為吳老闆特助余岳橋。

▲香港蘇浙滬同鄉會是會員制。

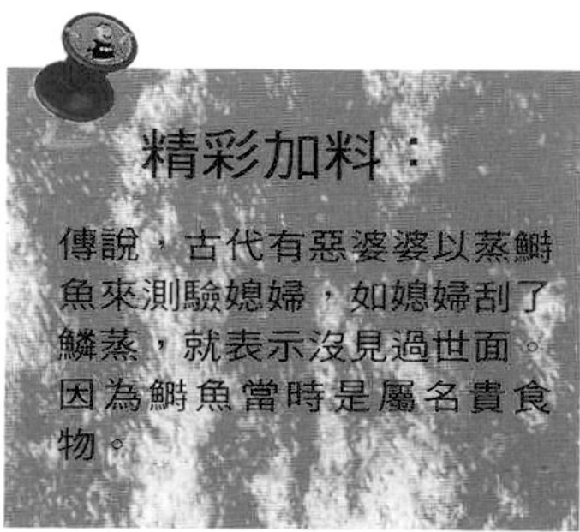

精彩加料：

傳說，古代有惡婆婆以蒸鰣魚來測驗媳婦，如媳婦刮了鱗蒸，就表示沒見過世面。因為鰣魚當時是屬名貴食物。

老夫子帶路：

香港蘇浙滬同鄉會/中環皇后大道中38-48號萬年大廈3樓及4樓。
電話: 2526-3251
此同鄉會餐廳只招待會員。

▶ 人和荳品廠有甜品與小食，如煎豆腐、釀豆腐等。

想吃嫩豆腐
到人和荳品廠

你愛吃豆腐嗎？我沒有別的意思，純粹是因為愛吃豆腐，想告訴也愛吃豆腐的同志，可知道“TOFU”(豆腐)一詞，在英語詞典中已被收入新的外來語！

深受中外人士的青睞的豆腐，富高蛋白、低脂肪、低熱量、低膽固醇的豆腐，不但中國人愛吃也成為美國人最喜歡的食品之一，西方人還稱豆腐是中國的奶酪，中國五代陶谷（903－970）所撰的《清異錄》中記載，人們呼豆腐為「小宰羊」，認為豆腐的白嫩與營養價值可與羊肉相提並論呢。

白嫩、營養價值高的豆腐是到底發明的？傳説漢代

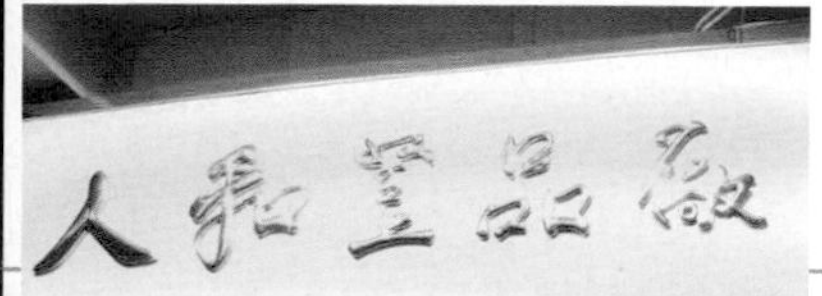

淮南王劉安講求黃老之術，在朝夕修煉之時，陪伴他的僧道，長年吃素，悉心研製出了鮮美的豆腐，並把他獻給劉安享用。劉安一嘗，果然好吃，下令大量製作。以後，豆腐作坊在各地如雨後春筍般開設出來。

豆腐有南豆腐、北豆腐、老豆腐、嫩豆腐、凍豆腐，都是豆腐鮮貨製品（包括豆腐乾、豆腐皮、豆腐腦等）；豆腐的發酵製品，有臭豆腐、乳腐、長毛豆腐等，這些都是我國人民傳統的副食品。

喜歡吃豆腐的朋友，到了銅鑼灣，「人和荳品廠」肯定是要去的，一盤「煎豆腐」配上一碗韮菜豬紅腸湯，萬得佛(Wonderful)！

老夫子帶路：

人和荳品廠/銅鑼灣渣甸街30B號(港鐵銅鑼灣站)/九龍旺角旺角道 28 號地下(旺角港鐵站)。

精彩加料：

「豬紅」，台灣人稱為豬血，看來香港人稱豬紅，頗有粗中帶細呢。

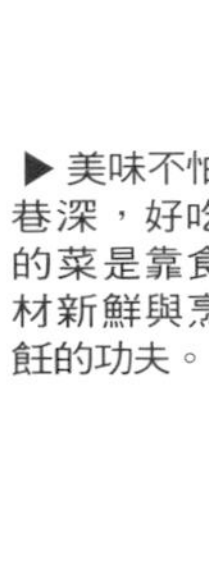

▶美味不怕巷深，好吃的菜是靠食材新鮮與烹飪的功夫。

灣仔小巷藏好味
群衆小廚眞夠味

當吃過一家餐廳的菜，下回還想再去吃的話，意味著這家菜，好吃！

什麼是好吃的菜呢？好吃的菜與上等菜是兩回事。其實，好吃的菜很簡單，全靠的是食材與烹飪的功夫。

某年12月5日晚上，正逢香港東亞運開幕在維多利亞港邊施放煙火，從尖沙咀到香港島到處都是人，尤其地鐵更是萬頭鑽動，擠得水洩不通。我們和友人到此，點了「黃金豆腐」、「鹽酥雞軟骨」、「順德焗魚雲」(如右圖)、炒麵、鹽焗雞等，不管是下酒、或配飯，每盤菜味道正又獨特。

「群眾小廚」以特色小炒為主，菜單裡有八寶鴨、大澳蒸三寶、酥炸柚皮、印度咖喱配窩巴等，將不同食材大膽配搭，揉合創新及懷舊的元素，可以看出師傅非常用心。

沒有裝修、沒特別服務的「群眾小廚」小店，完全以夠味、菜色多樣化，吸引顧客，此味美價廉的小店，是朋友把酒談心的好去處。

精彩加料：

機利臣街 (Gresson Street)有傳統市場，相當熱鬧，街販就立在兩旁，行人得中間穿過。

群眾小廚
地址/灣仔機利臣街14號地下A舖
電話/2866 8088
營業時間/早上11:30至下午2:30、晚上6:00至11:30

老夫子帶路：

港鐵灣仔站、電車到莊士敦道附近。灣仔渡輪碼頭 步行約15分鐘。

◀原是當舖的和昌大押現在是非常時尚的酒吧。

和昌大押搖身變The Pawn

走在香港街道偶而會看到「大押」兩字，不免好奇香港到底有多少當舖？在香港高度現代化的都市，有大押也從舊年代的當舖成了時尚餐廳。沒錯，「和昌大押」歷史建築物如今搖身一變成 The Pawn ，一間

▲2012年6月21日「老夫子王澤原畫展」在 The Pawn開幕前佈展的一景。

▼2012年「老夫子王澤原畫展」選擇在和昌大押開幕，轟動一時。

英式酒吧及餐廳，一個新與舊融合，是朋友聚餐、休憩的場所，非常受中外人士歡迎。

「和昌大押」是四幢相連長廊式的唐樓，建於1888年，後來陸續翻新。坐在深藏典當春秋、神秘的「押」字陽臺走廊上，一面喝著飲料，一面看著街上來來往往的行人與電車，總會想起卞之琳的「斷章」詩句「你站在橋上看風景／看風景人在樓上看你／明月裝飾了你的窗子／你裝飾了別人的夢。」

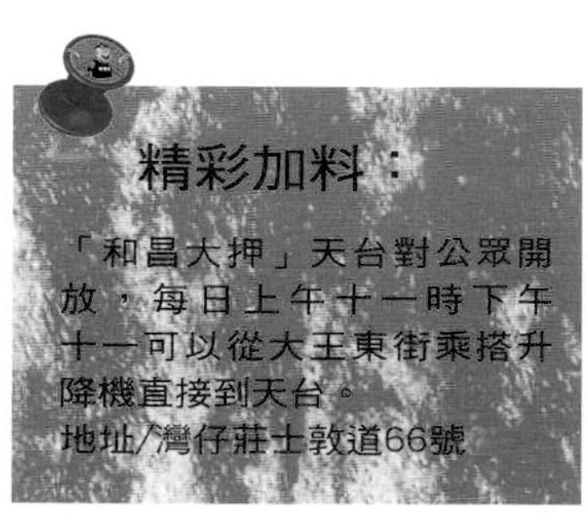

精彩加料：

「和昌大押」天台對公眾開放，每日上午十一時下午十一可以從大王東街乘搭升降機直接到天台。
地址/灣仔莊士敦道66號

老夫子帶路：

港鐵/港島線灣仔站(A3 出口)，沿莊士敦道步行約2分鐘；
金鐘站(F出口)，沿皇后大道東步行前往。
電車：於東行線「修頓球場」或西行線「和昌大押」站下車即可。

▶ 到橋底辣蟹炒蟹必點，小辣大辣客人可自選。

橋底辣蟹
越夜越飄香

在香港要吃螃蟹，會到哪兒？當然是灣仔鵝頸橋底的「橋底辣蟹」。雖然「橋底辣蟹」的螃蟹與陽澄湖的大閘蟹，味道與吃的氣氛截然不同，不能相提並論，但是「橋底辣蟹」的炒蟹，先炸香後再加辣椒回鑊炒，蟹的肉質依然鮮美，蟹肉卻格外惹味，喜歡吃辣的可選擇大辣，真是過癮之至！

到灣仔「橋底辣蟹」，炒蟹與肉碎蠔仔粥是一定要點的啦，其實，店裡還有許多好吃的，如椒鹽瀨尿蝦、辣酒煮花螺、豉椒炒大蜆(哇，口水幾乎要流出來了)，以及白勺青菜等，味道都相當美。在此經常發現與香港知名藝人鄰座，不用懷疑，大明星也來吃了！

◀橋底辣蟹的老闆阿珠(前排右1)對客人總是熱情招呼。

常常座無虛席的「橋底辣蟹」，老闆阿珠美麗大方、熱情招呼來客。有一回，沒訂位還得花上一點時間待位，索性點菜帶回酒店。圍著小桌，開著電視、一邊喝啤酒、一邊大口大口地嚼著香溢四洩的蟹腳，那晚辣蟹的美味，至今都很難忘呢。

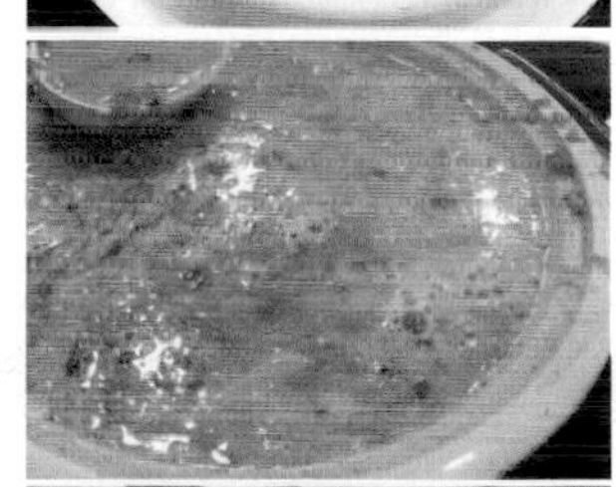

精彩加料：

傍晚才開始營業的「橋底辣蟹」生意鼎盛，一定要訂位。
吃玩晚餐或宵夜，可順便逛逛附近的夜市，不然過橋慢慢走到銅鑼灣，也可幫助消化。

老夫子帶路：

橋底辣蟹/香港灣仔駱克道429號6-9號鋪(852) 2573 7698駱克道409號星期一至日(5:30pm-6am)
http://www.hkwm.com/main_c/service/underspicy/underspicy2.htm
港鐵銅鑼灣C出口

▲ 因交通的便利，筲箕灣已從早期漁村演變成工廠大廈林立的地區。

筲箕灣
安利魚蛋粉好食

邊度魚蛋粉最好食？問到港人，大家幾乎都異口同聲說，筲箕灣東大街的安利魚蛋粉，新鮮好食。

位於香港島鰂魚涌以東，柴灣以西的筲箕灣，自開埠以前，就已經有漁民在此海灣居住，是香港最早期被開發的地區之一。筲箕灣地名是怎麼來的？有一種說法，本來是一個海灣，因為水域很圓，像一個大筲箕，因而為名；另有民間故事傳說的版本，如其中之一，有叫張進的人家傳之寶筲箕跌到海中，所以這個海灣就稱為筲箕灣。

◀ 八珍醬園的中國傳統調味醬料，很受港人喜愛。

18世紀中葉，有漁民發現筲箕灣為避風良港，所以陸續吸引漁船停泊於筲箕灣。隨着都市發展筲箕灣填海，建了許多居屋和公屋，但因早期是漁村，筲箕灣出現了不少古廟宇，如天后廟、城隍廟、譚公廟等。

開埠初期，筲箕灣又稱餓人灣，因為筲箕灣一帶對外交通十分落後，若困在筲箕灣，遲早會餓死。當時有一句俗話：「英雄被困筲箕灣，不知何日到中環」，就是形容筲箕灣到中環，只能靠班次極疏的舢舨做為交通工具。

現在則不可同日而言，尤其安利魚蛋粉打響名號以後，筲箕灣東大街魚蛋粉一列排開，人來人往，相當熱鬧；還有早年膾炙人口的廣告歌謠「八珍甜醋分外香！」指的就是此地的八珍醬園。

▲ 安利魚蛋粉，有口皆碑。

精彩加料：

「香港海防博物館」，位於筲箕灣東喜道175號，是由具百年歷史的舊鯉魚門炮台修建而成，值得一看。

老夫子帶路：

巴士/筲箕灣巴士總站(城巴 19P 、77 、99 、529 ；新巴 2X 、9 、15A 、389 ；過海隧道巴士 102 、102P 、110 、N122。)

香港老飯店
滬菜最道地

說到香港的上海菜，位於九龍尖沙咀的「香港老飯店」，環境頗為優雅、菜式也很多，消費豐儉由人。打的是正宗川揚滬菜，就我所知，許多香港的上海人請客或與老友、家人聚餐，都會選此家餐廳。

此店上海菜色多自是不用多說，連各式京滬點心甜的鹹的也不少，其中桂花糖蓮藕是小姐們的最愛。另外燻蛋、樟茶鴨，味道非常特別爽口、還有麵食都深受喜歡滬菜的食客歡迎。

一進「香港老飯店」，相當吸引顧客眼光的是，已過世名書畫家劉海粟九十八歲時的題字，如今成為「香港老飯店」金字活招牌，來此光顧的客人在飽餐一頓後，臨走前都會在此招牌前留影(如上圖)，感染一點文人氣質。

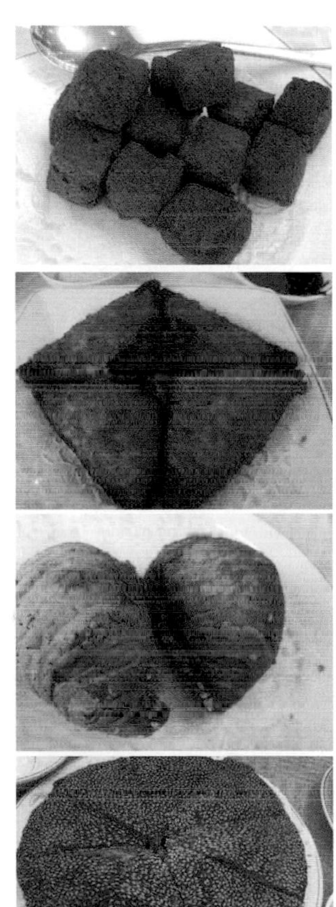

▲ 香港老飯店打的是正宗川揚滬菜，還有各式京滬點心，適合香港人的口味。

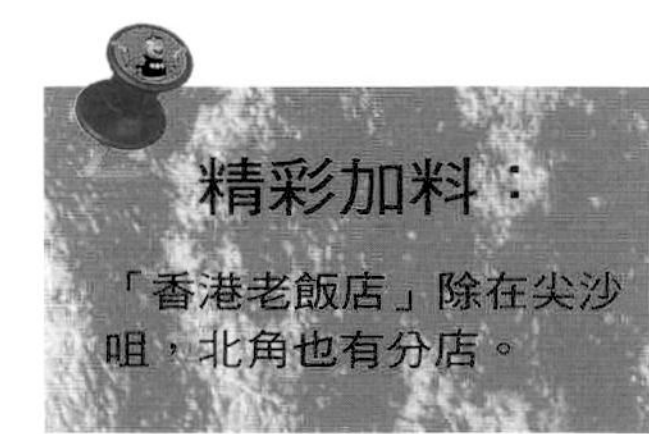

老夫子帶路：

香港上海菜老字號/尖沙咀金巴利道1號
美麗華商場
新翼4字樓尖沙咀地鐵站B1出口。
分店/北角電氣道218號麗東酒店地庫
炮台山地鐵站A出口。

精彩加料：

「香港老飯店」除在尖沙咀，北角也有分店。

稻香真紅火
米香特濃郁

記得多年前，香港朋友祁中請王澤與我飲茶，就在馬可波羅酒店港威對面的「稻香超級漁港」。

光看豐富又有趣的菜單，食慾就被勾引上來了。請看：蒸蒸日上、紅紅火、腸腸久久、包羅萬有、灼灼有餘、豐衣足食、甜甜蜜蜜…，菜單是不是很特別？而且，餐廳部長的衣服以及侍應生的制服超別緻，令人過目不忘。

不過這餐廳菜色到底好不好吃？據請客的祁中說：此餐廳不但在香港有九家分店，也已經紅火到深圳、廣州，問廣州人都知道〝稻香〞，因為味道好、花樣多，又經常有新產品，很適合廣州人的口味。

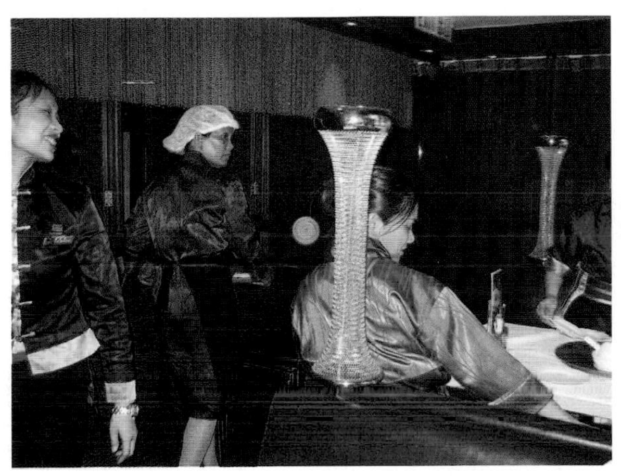

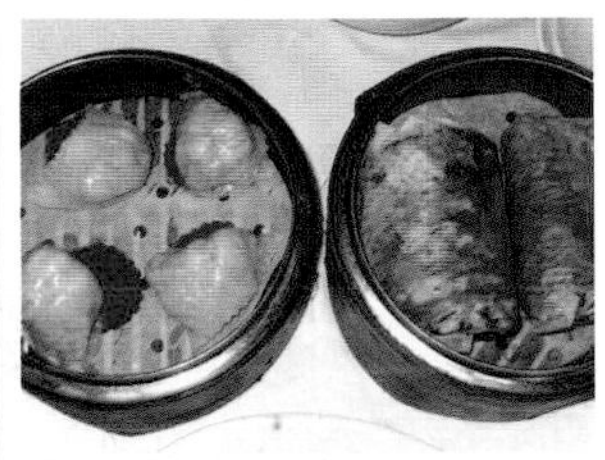

▲稻香超級漁港有海鮮炒螃蟹、蝦等，其實就是港式飲茶，賣的如腸粉、蝦餃、蘿蔔乾等港式點心。

好吃嗎？還用問，「香滑淨腸粉」真是滑又嫩，雖然沒有內容(餡兒)，但是米香味與別家的不一樣，特別濃郁，問侍應是用什麼米做的？直到離開〝稻香〞都沒有得到答案。

精彩加料：

「稻鄉飲食文化博物館」位於新界沙田火炭禾穗街15-29號9樓，正是由稻香集團營運的私人博物館。

老夫子帶路：

稻香超級漁港在香港有多家，請參考
稻香超級漁港網站 www.taoheung .com.hk

金龍船海鮮
百吃不厭！

香港美食集中地的尖沙咀，從彌敦道、廣東道、漆咸道還有亞士厘道、加連威老道等小街巷子，可說中、西風味的餐飲、酒吧俯拾皆是。倘到了廣東道港景峰商場，二樓的「金龍船海鮮酒家」，莫錯過。

此店以海鮮為標榜，其「清蒸東星斑」魚鮮味美，蒸得恰到好處，脆皮燒肉，咬一口感覺肥滋滋的，卻一點也不膩人，肉香且脆，吃到嘴裡，美妙滋味層層遞進，這兩道菜令人百吃不厭。

▼吃臘味煲仔飯，口齒留香。

▲ 蒸魚與甜品的味道都到位，因此吳興記書報社老闆吳中興先生(右1)，經常在包廂請王澤與我嚐鮮。

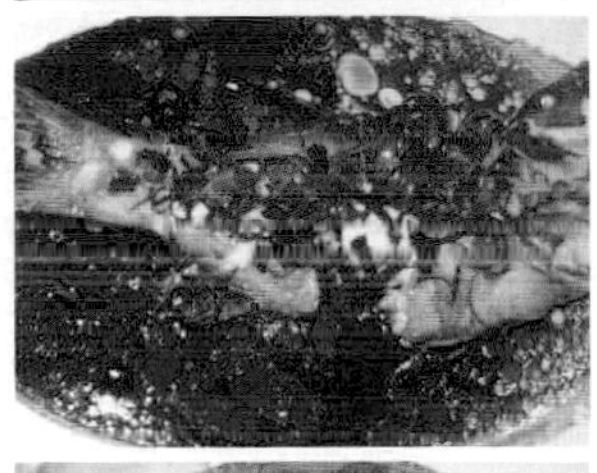

店裡在特別的季節也會推出新品，在農曆九月到十二月間，也會供應「肉餅煲仔飯」與「臘味煲仔飯」；記得有一年中秋節應時的「冰皮月餅」甜品，不但清新香甜，口感細膩、入口即化，香滑爽口的冰皮，吃到嘴裡，真是洋溢著幸福感！

精彩加料：

金龍船海鮮酒家有多家分店，請上「金龍集團網站」
http://www.kamboat.com.hk/

老夫子帶路：

位於尖沙咀廣東道188號港景商場2樓202鋪的金龍船海鮮酒家。港鐵尖沙咀站。

半島Felix餐廳
璀璨遙領風騷

位於尖沙咀的半島酒店(The Peninsula Hotels)頂樓的Felix餐廳，在週末假日經常是一位難求的。

Felix餐廳於1994年開幕，由世界著名設計師菲利浦・史塔克 (Philippe Starck) 設計，從半島酒店後方搭電梯到28樓餐廳，果真眼前處處都是驚喜，燈光、桌子與餐具，甚至侍者所穿著的制服，都可見大師的精心設計。

身處Felix餐廳，透過落地窗，維多利亞海港的景致盡在眼簾，夜間山巒的燈火，與俊男靚女手中的紅酒

老夫子帶路：

港鐵/尖沙咀站；西鐵線/尖東站；尖沙咀碼頭。

相互輝映，浪漫無比！

到了Felix餐廳，洗手間巡禮是絕對必要的，不妨駐足一番！不過，男廁與女廁有不同的風景，男士在居高臨下方便時，不但可以欣賞九龍的景致，且有「解放」的快感，至於女性，在洗手間可以一邊化妝，一邊欣賞維多利亞海港的景色。

精彩加料：

位於九龍尖沙咀梳士巴利道22號的半島酒店於1928年開幕，1941年香港淪陷時，港督楊慕琦和英軍司令馬爾比和日軍，曾在此酒店房間內舉行投降儀式，此酒店被日本人佔用後一度改名為松本酒店。

▼登香港天際100，視野無敵。

觀無敵夜景
登天際100觀景台

香港有多處觀景台，是欣賞日出、日落、夜景與煙火的無敵VIEW(視野)。其中打著站在100樓內，您就可以360度鳥瞰整個維多利亞港美景的「天際100香港觀景台」，是在環球貿易廣場100樓。此景觀台交通相當便利，從港鐵九龍站圓方商場金區2樓前往即可到達。

踩在「天際100香港觀景台」上面的感覺非常奇妙，而維多利亞港的風景和夜景、煙火從電子望遠鏡的螢幕上，閃在眼前，嶄新的多媒體內建許多不同的場景模式，實在令人歎為觀止。

欲窮千里目，更上一層樓，到101的美食餐廳，當我坐在田舍家的落地玻璃窗前，看著遠方的山與海上點點的帆船，腦海裡立刻浮現白居易長恨歌的詩句：「…忽聞海上有仙山，山在虛無飄渺間…」

老夫子帶路：

香港九龍柯士甸道西1號環球貿易廣場100樓
天際100入口: 圓方商場2樓金區（九龍地鐵站C出口）

精彩加料：

SKY DINING 101，除了田舍家日本料理，還有天空龍吟、翡翠雲臺與龍璽酒家，中西式餐廳可選用餐。

◀ 深井裕記的燒鵝令人食指大動。

到深井吃燒鵝
海天一色新世界

每回到深井，就是專程去吃燒鵝！到裕記燒鵝店肯定是要點燒鵝的啦，「上湯雲腿浸津菜」也是要吃的，「鼓油皇灼雙腸」非吃不可，「尖椒炒鵝腸鵝心」當然也來一盤…。

裕記燒鵝飯店在新界深井深康路九號，創立於1958年的裕記，目前已傳到第二代，創始人吳春鹽先生是潮州普寧人，喜歡鑽研廚藝且對家鄉的鵝十分熟識，因而創製出獨特炭燒秘製「燒鵝」，吸引了許多中外食客，馳名香江。

我喜歡深井（Sham Tseng），雖説多次訪深井吃燒鵝，滿足了口腹之慾，然而到深井的路，特別吸引我。深井位於香港新界荃灣的西北部，位置為汀九以

▲深井裕記的燒鵝令人食指大動。

西，青龍頭以東。

沒有地鐵到深井，必須開車前往，可以看到獨特的海灣，青翠的山景，還可遠眺青馬大橋、馬灣島，藍巴勒海峽、青龍灣等，天氣好時更可以看見香港國際機場的天際線。

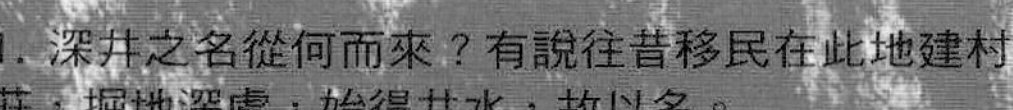

精彩加料：

1. 深井之名從何而來？有說往昔移民在此地建村莊，掘地深處，始得井水，故以名。
2. 另一說「深井」指的是烤製燒鵝的一種特殊方式，先在地上挖一口乾井，然後下堆木炭，井口橫著鐵枝，燒鵝就用鉤子掛在這些鐵枝上，吊在井中燒烤，此後演變成地名起源。

老夫子帶路：

巴士/52X 深水埗 — 屯門市中心
小巴/96 荃灣海霸街 — 青龍頭
96M 荃灣綠楊新村 — 青龍頭

馬灣涌小漁村
賞美景啖海鮮

傍晚，來到馬灣涌小漁村碼頭，眺望不遠處大嶼山頂的雲霞，有如被潑了水彩似的，染上一片橙紅；舢舨在波光鱗鱗的海面上載浮載沉，夕陽西下的長堤景觀，煞是好看。那麼美好的景致，怪不得吸引許多雙雙對對的年輕人在此逗留，倘坐在碼頭海鮮酒家，面對優美的東涌灣和赤立角海岸，一邊欣賞美景一邊大

▼夕陽西下，從馬灣涌小漁港眺望大嶼山，舢舨在海面上波光鱗鱗，美極了。

▲在碼頭海鮮酒家吃海鮮，到長堤觀夜景、數星星，讓您度過一個美好的夜晚。

啖海鮮，應是別有一番風味。

馬灣涌是東涌鄉委會轄內十四個村落之一，也是昔日大嶼山的主要市墟，故稱東涌舊墟。環境清幽的馬灣涌舊碼頭，不只是一處觀賞日落的好地方，東涌內灣的紅樹林和礁石海岸的自然景觀，更是生態旅遊的好去處。

今馬灣涌小漁村仍保留了傳統木板建造的棚屋，有趣的是與其後方矗立的一棟棟高聳現代高樓，形成非常強列的對比。

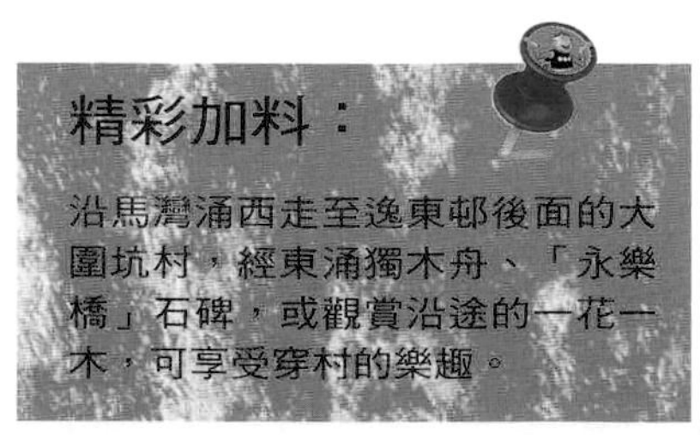

精彩加料：

沿馬灣涌西走至逸東邨後面的大圍坑村，經東涌獨木舟、「永樂橋」石碑，或觀賞沿途的一花一木，可享受穿村的樂趣。

老夫子帶路：

1.港鐵東涌線「東涌站」A 出口經順東路山路前往（約十五分鐘）
2.逸東邨乘 34 或 38 號大嶼山巴士至逸東邨下車步行，向海邊步行 5 分鐘即到。

感謝讀者邱盛材提供香港夜景照片。

感謝「老夫子扮演團」成員修維特，提供「歡慶老夫子50周年」時，在九龍半島不同地方捕捉到的老夫子巴士行街圖。

香港全境
景點簡圖
新田大夫第
沙頭角·中英街
新界
青馬大橋
青衣
九龍
黃大仙廟
志蓮淨苑
九龍寨城
香港迪士尼樂園
香港赤鱲角國際機場
天星碼頭
虎豹別墅
山頂
薄扶林
香港島
大嶼山
榕樹灣
渡輪碼頭
深水灣
模達灣
渡輪碼頭
索罟灣
渡輪碼頭
天后宮
洪聖廟
方便醫院
胡文瑀、林思穎/繪圖

精彩香港逍遙遊 －老夫子香港采風2

●我喜歡本書☐1封面 ☐2內容 ☐3老夫子漫畫 ☐4老夫子插圖。

●內容Q & A

1Q：香港佛教發源地在哪兒？

2Q：杯渡禪寺有供奉「月下老人祠」嗎？

3Q：舊時匯豐銀行中環總行的大門現在哪裡？

4Q：香港中秋節「舞火龍」的地點在哪？

5Q：國父 孫中山先生母親 楊太君夫人的墓園在何處？

6Q：銅鑼灣「啟超道」的地名因誰命名而來？

7Q：大嶼山東涌炮台的城牆上有幾尊炮台？

8Q：今梅窩碼頭的「食邑稅山」界碑石，指的是南宋誰的封地？

9Q：尖沙咀「1881 Heritage」的前身是？

10Q：尖沙咀的半島酒店頂樓的Felix餐廳是誰設計的？

●我得知這本《精彩香港逍遙遊 －老夫子香港采風(2)》是：(可複選)

☐親友介紹 ☐同學介紹 ☐網路消息 ☐媒體報導☐其他

●我會更加喜歡，如果本書內容增加：

●其他建議：

姓　名：　　　　　　　　　性別：☐男 ☐女

生　日：　　年　　月　　日

E-Mail：

地址：

學歷：☐小學　☐中學　☐大學　☐研究所

職業：☐學生 ☐公務 ☐教育 ☐服務業 ☐金融 ☐資訊

☐傳播 ☐製造業 ☐自由業 ☐家管 ☐退休 ☐其他

※以上填寫正確答案後，請於活動期間，即日起至2014年02月28日前寄回(以郵戳為憑)，我們將從中抽出20位幸運讀者，送上《老夫子 香港采風(1)－香港道地私房景點遊 》一書，動作要快喔！

廣告回信
台北郵局登記證
台北廣字第2066號

10676
台北市大安區臥龍街267之4號1樓

賽尚圖文事業有限公司　收

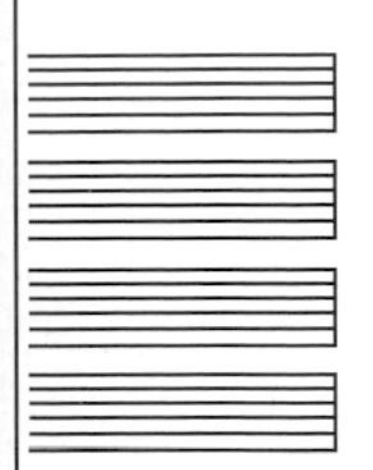

（電話）02-27388115　（傳真）02-27388191
賽尚玩味市集　http://tsaisidea.shop.rakuten.tw

請對折、封黏後投回郵筒寄回，謝謝！

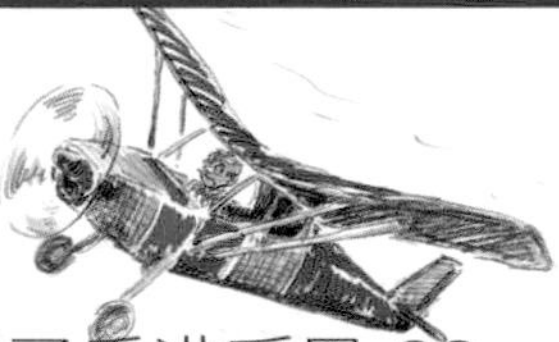

老夫子香港采風 02

精彩香港逍遙遊

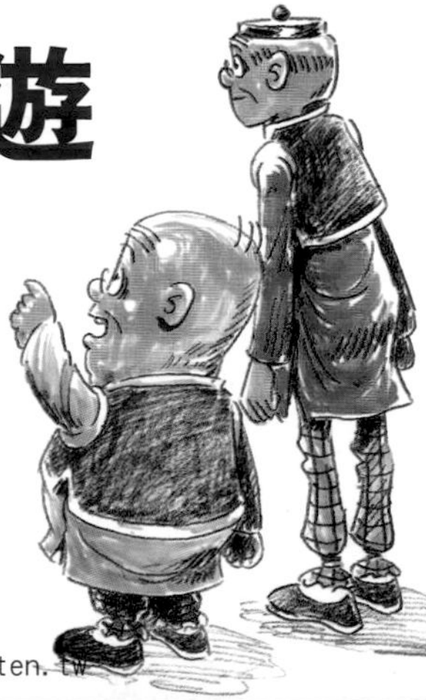

賽尚
（電話）02-27388115　（傳真）02-27388191
賽尚玩味市集　http://tsaisidea.shop.rakuten.tw